超轻松禅式工作法

禅の作法に学ぶ 美しい働き方とゆたかな人生

[日] 枡野俊明 著
刘羽阳 译

北京时代华文书局

图书在版编目（CIP）数据

超轻松禅式工作法 /（日）枡野俊明著；刘羽阳译 . -- 北京：北京时代华文书局，2024.10. -- ISBN 978-7-5699-5545-3

Ⅰ . B026-49

中国国家版本馆 CIP 数据核字第 2024LV0550 号

ZEN NO SAHO NI MANABU UTSUKUSHII HATARAKIKATA TO YUTAKANA JINSEI
by Shunmyo Masuno
Copyright © 2013 Shunmyo Masuno
All rights reserved. Original Japanese edition published by Asahi Shimbun Publications Inc. This Simplified Chinese language edition is published by arrangement with
Asahi Shimbun Publications Inc., Tokyo in care of Tuttle-Mori Agency, Inc., Tokyo through Pace Agency Ltd., Jiangsu Province.

北京市版权局著作权合同登记号　图字：01-2022-3808

Chao Qingsong Chanshi Gongzuofa

出 版 人：	陈　涛
监　　制：	书与美好生活
责任编辑：	谭　爽
责任校对：	李一之
装帧设计：	张冬艾
责任印制：	刘　银　訾　敬

出版发行：	北京时代华文书局 http://www.bjsdsj.com.cn
	北京市东城区安定门外大街 138 号皇城国际大厦 A 座 8 层
	邮编：100011　电话：010-64263661　64261528
印　　刷：	三河市兴博印务有限公司
开　　本：	880 mm×1230 mm　1/32　　成品尺寸：140 mm×210 mm
印　　张：	6　　　　　　　　　　　　　字　数：93 千字
版　　次：	2024 年 10 月第 1 版　　　　印　次：2024 年 10 月第 1 次印刷
定　　价：	49.00 元

版权所有，侵权必究

本书如有印刷、装订等质量问题，本社负责调换，电话：010-64267955。

推荐序：禅心的领悟

我们身处一个新旧能量交替的时代。从物质过剩到精神追求的回归，从西方到东方，越来越多的人选择极简、朴素、有意义的生活方式。也有人受困于物质世界，力图拥有更多，而无法享受已拥有的，心识与念头时常左右冲突，如风中烛火。当现代文明以匆促的脚步推进时，一个人拥有祥和、清净及活在当下的心，是一件非常珍贵的事。

这样的一颗心，是训练、调伏之后的显现。它意味戒律、精进、洞见、定慧实相。读枡野俊明先生的书，能从中感受到这股气息。作为日本僧人、教授、禅院设计师，他融会贯通，运用日本文化和禅宗美学思想，借庭修行，得以"开悟"。

他是这个喧嚣时代里的一盏孔明灯，于虚空高处，自由且明亮。一切缘起，皆为从小受父亲的影响，接触禅宗，为日后的生命和情感奠定了修行的方向。他习惯反思、积累经验、精进克己，成就了今天的觉者。且，他为世人提供了禅式修身、工作及生活的文本（没有很多形而上的思辨与说教，多是日常状态显化）。

他说："生活本身就是禅——如果你用心和灵魂来做事，所有的事情都会散发出'事物的真实'。"

那么，"事物的真实"也是我们内心的投射。是禅心的写照、智慧的升起。在很多人看来,禅的世界晦涩难懂,需要避世才能悟道。事实上,德律是禅、劳作是禅、生活是禅。只有经由尘间俗世、烟火日常的熏陶、锤炼,才能让我们的心如容器,盛载与照见灵魂深处的美与优雅。

每次翻看枡野俊明先生的书,总能从中得到安慰和鼓舞。他传达出的美与洞识,直抵世间真相;其精神意念,充满善意。当我们的激情被现实堵死,自身能量与外部世界无法很好地流动时,或许智者的经验,能让我们放慢脚步,不被虚假所惑,安住当下,于无声处,找回内心深处的从容与富足。

借助人与人、人与自然、人与万物的关系,于生活中修行,视为禅心;人若能颠覆习性、觉知情绪源头、活出本自具足的光明,视为佛性;持之以恒,借事修心,借物克己;顺时不骄,逆境从容,视为开悟。

世间万法相通,道法自然,我们虽然国度、语言、身份不同,但并不妨碍通过阅读获得某种确认与支持。比如:发现本心,不忘初心。

我们活在世间,但不属于世间;我们虽身处尘埃俗世,心却可照破山河万朵。人类的福祉,并非只是为了感官与物质刺激与满足;我们拾得生命结晶,除了认识自己是谁,更重要的是,带着臣服与爱去生活,活出潜能;亦回归内心深处的澄澈、自在及明朗,并以此分享。

心性的返璞归真，需要禅修的基本的训练。作为一名修习禅法的僧人，枡野俊明先生在书中提供了很多方便的法门。你也可以说，这些看似日常、简单的心法与方法，是内观、顿悟的必修课，是正道、正见、正命的见地及智慧的种子。

禅宗讲究顿悟，直见本性。曾经有位中国人跟随枡野俊明先生学习园林制造，被要求每天摘松树叶子。在枡野俊明先生看来，如果心中有杂念，捡松叶这件事都做不好，更无法学好园林设计；另外，就算是简单无趣的作业，重复去做，也会有不同的发现，这就是一种锻炼人的修行。所谓禅心，没有一边做这事、一边想那事的可能。

不可否认，我们所处的时代是破碎的，如何关注自然与日常，不失专注与热爱地去生活，朴素且踏实地与世间纷繁过招，回归内在宁静与丰盈，是需要考虑的问题。

"一朵花绽放，就有成千上万的花朵绽放。"我想，于时间洪流里，喧嚷尘世间，每个人能从自身做起，保持身、语、意的正知、正念、正行，就能净化身心，破除烦恼，收获喜乐、自由、真诚、公平、有爱心的生活。无论外界如何变迁，信念、德行、慷慨、诚实及智慧是亘古不变的真理，它照见人性的真、善、美；活出美丽人生，为这个世界的丰盈与芬芳供奉自己的心力，自觉、清醒、如实地存在过，才可以说，人生不易如反掌，但你没有回避，且活成了自己。

人非生而完美，但可以完整。我有信心推荐这本书给你，是因为枡野俊明先生聚集了洞识、心流、仁爱的德行。这本书教给我们的除却答案，还有生命无量之网中，我们如何更好地理解自己与万物的关系，从而照见身心之优雅、充盈、朴素及美。

每本书都如同镜像，倒映作者内在修行。枡野俊明先生在书中闪现的智慧灵光，源于日日践行。相信你也可以经由它自我体证，回归自性、获得解脱。一颗受过训练的心，就是静水深流、生生不息、定慧一体的显现。

禅心如莲，你如是。愿这本书与你的缘分，如同池城花开，不期而遇。

谢谢！

蒋婵琴
于深圳，2024 年初夏

前　言

如今在欧美地区，"禅"渐成风潮，在法国等地出现了名为"禅"的餐具，并且十分畅销，也常有人来向我咨询如何修建一个禅意庭园。在他们看来，"禅"是一种将一切冗余的东西全部省去的简洁样式。

一直以来，欧美社会理所应当地认为物产富饶就意味着幸福，但放眼世界，也存在着对此持否定态度的国家，这就是日本。在日本，心灵充实所带来的幸福感要远超物质上的富足。这种观念对于欧美人来说，甚为新鲜。

那么，所谓禅式思维究竟为何呢？虽然很难做到一言以蔽之，但勉强可用"心中有佛，无心生活"来形容。比如在日常生活中感受自然，可为一例。

到了春天，春风拂面，植物发芽、开花，盛开的花朵吸引蝴蝶，蝴蝶在汲取花蜜的同时也传播了花粉——这是超越人类构想设计的事物。没有任何策略，仅凭"无心"，自然界就可如此周而复始、生生不息。正因如此，自然才如此美好。

请试着在清晨深吸一口新鲜的空气；在前往公司的途中停下脚步，观赏身边的树木花草；在某一瞬间，与自然合为一体——如此这般，即可认清自我。现在的我应该做什么；对现在的我而言，幸福是什么；在哪里找寻心灵的充盈——请用"无心"之念，认真思考这些问题。而用来思考的时间，也是禅。

商业上的成功究竟为何，对此我也不甚明了。升职、赚到很多钱，也许可以算是成功吧。设定具体目标，并且使之达成，也可谓成功吧。但是我认为人绝不可被这些束缚。为了自己的成功，而不惜排挤他人，这不该是人之所为。如若固守这种为人之道，那么最终被积蓄的压力压垮的将是他本人，同时心灵的充盈感也将离他而去。

为了避免出现上述情形，就要克制欲望。在经营日常生活的基础上，一定要脚踏实地。所谓"禅式思维"，仅停留在文字表述上，是没有意义的，而且它对于知识积累并无特别用处，日日践行才是最为重要的。

本书所写，即为禅式工作的实践方法。首先在第一章里介绍了如何放松疲惫的身体，怎样充满朝气地面对工作。第二章里记载了通过整顿身体，调整日常生活节奏的方法和习惯。第三章介绍了禅式思维里怎样对待时间。第四章针对最令人烦恼的人际关系给出了一些解决方案。而在第五章中，则告诉大家为了让事情顺利进行，该有怎样的心理准备。

我希望，在阅读本书的过程中，读者可以发现本心。还有，您所认为的心灵充盈是什么呢？您的幸福又在哪里呢？如果您可以通过阅读本书找到答案的话，这将是我的荣幸。

枡野俊明

目录

第一章 整顿你的身体

衣着得体的人，心也是认真规矩的　002
请大家一定养成坐禅的习惯，平静呼吸　004
姿势端正，行住坐卧皆有法　006
头发给人留下的印象，比脸还重要　008
浴室，不仅仅是洗去身体上污浊的地方　010
一直集中精力是不可能的，请短暂休息　012
人生路上必定会有陷阱，请照亮脚下前行　014
喝茶即喝茶，吃饭即吃饭　016
所有的事物都如永不停歇的流水一般，不停变化　018
找一个可以对着自己大喝一声的地方　020

第二章 整理你的生活

请试着将所有的东西放下，放下对物念的执着　024
当你擦拭物品，心灵上的尘埃自然也被除去　026

真正想说的话，不能用文字或语言表达　028
修理物品的时候，也是在修复心灵　030
只要不是现在必须做的，就不放在桌上　032
试着一周中至少食素一天，让内脏保持健康　034
看看玄关，就能知道主人的生活状态　036
艰难的时候，需要的是超乎寻常的开朗乐观　038
偶尔写写信，通过习字扪心自问　040
在匆忙的人世间，不能忘记人类的节奏　042
暂时逃离现实，一边望天一边发呆　044
与其依着不知所谓的习惯，不如专注品味　046
已经发生的事再多想也没用，忘了吧　048
保持心如止水，无谓的压力就不会出现　050
感激给予自己生命的人，静静地陪着他们坐坐　052
坐在树下，度过一段安静的时光　054
怀有感恩之心的人，必将得到回馈　056
没有多余动作，举止就会端庄优雅　058
时间分秒流逝，认真对待每个现在　060
反省过去的确重要，但是不可被它束缚　062
晨起，用沉静的心考量今日应做之事　064

无论什么场合，精力集中就不会迷失真我　066
想放松身心，就集中精神去休息　068
敏锐地抓住对方所看重的那一点，并为之努力　070
人无欲则心充盈　072

第三章　工作就是修行

请不要把当下该做的事情拖延到明天　076
春风仅有一度，切勿错失良机　078
果断拒绝超出自己能力范围的请求，是一种工作礼仪　080
制订计划十分重要，但不能认为计划一定会顺利进行　082
正因彼此都有各自的烦恼，所以才更要好好相处　084
率先垂范，这才是最好的用人之道　086
事情顺利进行的时候，更要小心翼翼　088
一日不作，一日不食　090
成为人上人不应是努力的唯一目的　092
单纯地与人交往，也是一种执着　094
用人类自己制定的等级衡量人，是多么浅薄无知　096

如果不能总揽全局，结果就是什么都搞不清楚　098

总将视线集中在成功上，会丧失重要的东西　100

在勤奋劳作的人身后，定会留下清晰的足迹　102

思考怎样将彼此的观点融合，才是工作的精髓　104

训导也要分工合作，不能一人承担　106

与其教授一群半途而废者，不如只教几个人　108

不能因为暂时没用就丢掉，应该耐心等待　110

如果打算辞职，请再试着努力三个月　112

工作就是人生中的修行　114

不管怎样也无法喜欢的人，将他放在"喜欢"和"讨厌"的中间　116

两忘：停止用二分法的思维方式思考问题　118

在接受公司安排的同时，自己找寻老师　120

不管处在怎样的环境，都要竭尽全力　122

在休息平台略微休整，绝对不是浪费时间　124

第四章　单纯地与人交往

能够使你心灵丰盈充实的朋友，身份年纪不重要　128

爱自己的人，也同样会对他人抱有慈悲之心　130

毫无杂念地与人相处，肯定能让压力减半　132

"落花随流水",这是款待的极致　134

能够反躬自省的人,才有资格成为领导者　136

闻无声之声,体察对方无法言说的情绪　138

对于上了年纪的老人,应倍加尊敬　140

生命是寄存的物品,一定要珍惜　142

比起事事争先,不如压制欲望努力做好自己的事　144

物我不二,心境一体　146

时候一到,定会有风吹来　148

当以和蔼之容颜,面向一切　150

第五章　与另一个自己相见

人,部分可以改变,部分不能改变　154

试着努力了一下还是不行的话,那就放弃吧　156

顺其自然,不要自寻烦恼　158

请将痛苦揭开仔细查找,那里一定藏着喜悦的种子　160

没有必要闯进别人的路,留意只有你才能做到的事情　162

用坐禅的方法来实现与另一个自己相见　164

在心力交瘁之前,请给自己创造一处"桃花源"　166

下雨时为雨喜悦,刮风时为风喜悦　168

试着将目前心中的不安写出来　170
这个世上，没有恒久不变的东西　172
迷茫之时，回家安静坐下就好了　174
不完整的美才是美的最高境界　176

第一章

整顿你的身体

衣着得体的人，心也是认真规矩的

　　各位一定有过如下体会吧？身上还留有昨日的疲惫，昏昏沉沉、睡眼惺忪地起床，但是一旦在镜子前面系领带，就立刻变精神了！

　　这是因为心与仪容紧密相连。

　　禅修的起点就是打扮齐整、动作得体。用禅语讲，即"威仪即佛法"。修行这件事不是兴之所至，说说就能做到的，为了修行，首先就要进行着装整理。规规矩矩地穿好衣服，认真调整衣领、衣袖，这样一来，自然而然就对修行心向往之了。也就是说，整理自己的着装与整顿自己的心是完全一致的。

　　最近，夏天流行一种被称为清凉商务装的不打领带的职业装。这并不是件坏事。不过多数人在会见重要客人或进行重要工作时还是会选择系领带。这是十分必要的。

年轻人也一样，穿着各种时髦服饰是他们的自由。哪怕在上了年纪的人看来这样不成体统，但把这认为是潮流也是个人自由。不过奇怪的装束会让人感觉不可靠，尤其是初次见面的场合。认为服装和外表无所谓的观点可谓大错特错。

衣着得体的人，心也会是认真规矩的。内心调整得当的话，行礼方式也会随之一变，遣词用句也会更为得体，这样就会给对方留下良好印象。尽到了礼数，工作自然就会顺利进行。努力做到仪容仪表规矩整洁，是迈向事业成功的第一步。

请大家一定养成坐禅的习惯，平静呼吸

"形直影端"——正直的心灵来自端正的身姿。这是中国唐代禅师沩山灵祐所著《沩山警策》中的一句。"形"者，指人的身体，只要人身体的姿态端正，那么他的"影子"自然就会端正。

保持身形端正，不仅指身体要处在良好的状态，精神上也要状态绝佳。别再驼背、俯身、踟躅，试着挺胸抬头，大步前行。只要用心，心态就会变得乐观向上。为了养成保持正确姿势的好习惯，我向大家推荐坐禅。请大家一定要养成坐禅的习惯，每天早上进行五分钟就可以。如果连这也无法做到，那么在上班途中进行立禅也行。午休时在自己办公桌前坐禅也可以。头脑里有要调整自己的身体这种意识最为重要。

坐禅时只要牢记呼吸的方法就好，因为呼吸可谓坐禅的基础。我们看"呼吸"这一词语，"呼"在"吸"前面，也就是说有"呼"（吐气）才有"吸"。让我们把意念集中在丹田（肚脐往下一点）处，缓慢吐气，控制气息使之绵长。这样吐气可让人自然而然地进行下一步的吸气。顺其自然慢慢深呼吸，在这样的呼吸反复进行的过程中，心情会越发沉静，可以感觉到自己的身体缓缓下沉，在地上生根。这就是所谓身体抚平浮躁的心灵得到解放。

总是用胸部进行呼吸的话，怎么都会觉得心情浮躁，这样一来内心焦虑，呼吸加速，容易陷入焦灼不安的负面循环。像这样呼吸紊乱的话，就无法保持端正的姿态了。呼吸紊乱与身心混乱是联动的，所以请时刻留心身形姿态的端正，这才是保持身心健康的秘诀。

姿势端正，
行住坐卧皆有法

公司职员可以分为评价高和评价不高两种，也就是所谓能干和不能干的人。业绩好的人受到好评，这是理所应当的，但是为什么他能获得好的业绩呢？诸如判断力、行动力、分析力等要素是不可或缺的，但这些能力又是从何而来的呢？

让我们仔细观察一下在公司里广受好评的人，我们会发现他一定是一个行为举止得体优雅的人。在办公桌前工作的身姿、进入会议室时的姿态、前往客户处的步伐，他不会做出半分多余的动作。而那些总是慌里慌张地走来走去、驼着背窝在办公桌前、在早会时站没站相的人，往往在工作上也不会有很好的业绩。有人认为姿势什么的无关紧要，这种观点简直大错特错。只有保持日常姿势的端正，才能令心境平静。请大家一定要认识到，姿势对精神具有非常大的影响力。

禅学中有"行、住、坐、卧"这样的词，用来表现日常生活中四种最基本的行为动作。有一种说法，认为如果一个人能优美地展现这四种动作，那么他的心灵也会是美的。"作法"即为传授这种美的方法。上茶的时候、迎接来访者的时候，都有固定的举止方式。当然，在商务场合也有各种各样的礼仪规矩。为什么要用那种举止？这是因为它可以最为合理地表现内心，同时姿势十分优美。这是经过先人们千锤百炼才得出的美的基础。

请一定要注意日常的行为举止。挺直腰杆、用端庄的姿势坐在办公桌前，优雅礼仪牢记于心。只要做到这一点，你给人的印象就会大为改观。最重要的是，你看待自己的目光都会有所变化。切记"姿势端正可改变心灵"。

头发给人留下的印象，比脸还重要

我们禅僧在修行时每逢四、九之日就会进行沐浴，还会认真仔细地剪头发，即所谓"净发"。

这一习惯古而有之，具有清除邪念的意味。一定要以最佳的仪容进入重要的场所，这已成为修行僧的执着。可能是因为这个习惯，只要头发长长一点，我就会无法静心。头发稍稍有些长，就感觉心乱神慌，真是太不可思议了。

如果四、九之日剪头发，那么十天之内势必会剪两次，这样一来，就不会出现头发过长的状态，这真是一个经过深思熟虑的做法啊。

对于商务人士来说，认真理发也是很重要的事情。虽然没必要十天剪一次，但我觉得至少应该一个月剪一次发。

剪发后的第二天心情会变得很清爽，会有"好嘞，加油吧"的感觉。而两周之后，则会出现不知怎么就有些郁闷的情绪。出现这种感觉的时候，应该立刻去剪发。现在价格公道的理发店有很多，不用非等到一个月再去剪发。

与陌生人初次见面，首先注意到的肯定是脸。服装当然也很重要，但头发给人的印象还是更重要一些。一个顶着一头蓬乱头发的工作伙伴，肯定会让人感到不安。

如果一个银行职员头发乱蓬蓬的，会出现怎样的结果呢？你会把重要的财产交给这家银行打理吗？所谓社会信赖，就是从这些地方产生的。

浴室，
不仅仅是洗去身体上污浊的地方

最近洗澡不用浴盆而是选择淋浴的人开始增加了。夏日白天冲凉的话，倒也可以，但我还是推荐心情舒畅地坐在浴盆里沐浴。

医学上认为，使用浴盆沐浴会促进血液循环。盆浴可以令人在舒缓身体的僵硬、去除疲乏的同时放松情绪。心情舒畅了，也就会忘记那一天遇到的烦心事，同时还会激励起第二天要用崭新的精神面貌继续努力的斗志。

另外，在沐浴的时候，头脑里还有可能出现一些以前从未有过的想法。用僵化的大脑思考时，怎么也想不出来解决方案，但放松头脑后，就可以从别的角度看问题，想出解决的办法了。这种不被外在事物束缚、解放心灵的做法，可以说与禅修是一样的。

我建议在沐浴时要安静地坐在浴盆里。在禅的世界里，有"三默道场"的说法。其一为坐禅的僧堂，其二为"东司"（即厕所），其三就是被叫作"浴司"的浴室了。在这三个地方，绝对不许讲话。为什么呢？这是因为这三处是参悟修行的场所。

据说某位著名的僧人在提笔写字之前一定要沐浴。在浴室里他会集中精神，仔细地剪发、剃须，衣服也要从内到外换成干净的。当一切杂念都随水流而去时，他才开始书写。浴室，不仅仅是洗去身体上污浊的地方。

一直集中精力是不可能的，
请短暂休息

　　僧侣在坐禅修行之时，必须全身心地集中精神。这种严格的修行通常持续一天。那么，僧人们能一直保持精神集中吗？——那是不可能的。一般人连精神持续集中八个小时都无法做到。

　　坐禅每次持续的时间为四十到四十五分钟，大概是一炷香烧尽的时间，这一时段被称为"一炷"，已成为一种时间单位。一炷香烧尽之后，就到"经行"的时间了。

　　解除坐禅的姿势，一边慢慢调整呼吸一边缓缓行走。前进一步，慢慢吐气，下一步缓缓吸气，使呼吸和步伐协调一致，在僧堂内或走廊里漫步。这样可令身体放松、心境转换。之后再用五分钟左右的时间休息、上厕所，然后回到坐禅状态。正因有了"经行"的时间,坐禅修行一整天才成为可能。

一天之中,一直集中精力工作八个小时是不可能的。可以保持精力集中的时间大概是一个小时。所以抽出时间分散注意力、转换心情也是很重要的。当然,不管怎么说,工作时间也不能离开公司去咖啡店之类的地方转换心情。但是,我觉得抽出五分钟离开办公桌还是可以做到的。

当你感觉注意力无法集中时,可以的话,请呼吸一下外面的新鲜空气。比如去屋顶上,或者打开窗户,慢慢地用丹田呼吸,就会感觉心情十分舒畅了。对于多数时间都身处职场的你来说,拥有一套适用于自己的心情转换法非常重要。

人生路上必定会有陷阱，请照亮脚下前行

大家在寺院的玄关或走廊处看到过写着"照顾脚下""看脚下"等话语的牌子吧？如果多注意观察的话，会发现这类字样常常在各地寺院中出现。这些语句的含义即为其字面意思："仔细注意自己脚下"。直接地说，就是请将鞋子认真摆好。这也就是写着这一字样的看板常摆放在玄关处的原因了。不过这句话也常用来警醒众人，时刻勿忘反省自身。

所谓人生足迹是怎样一种事物呢？恐怕它指的是人生的原初目的。如果追问人生目的是什么的话，应该就是幸福的生活。为了这一目的，我们勤奋工作，守护着重要的家人、朋友。正因有了这坚实的步伐，我们才能活得精彩。

不过人总会有这样的倾向，事情进行得越顺利，内心就越会萌生出更多欲望。

工作顺意，收入增加，挣的钱大大超出日常所需，人就会越来越想拥有更多的钱财。他们开始变得不重视与家人相处的温馨时间，为了生意背叛朋友，于是在不经意间，曾经的幸福渐渐远去，人生的步伐开始动摇。

请回忆一下登山时的场景。当以山顶为目标攀登的时候，不管怎样我们都会看着上方向上攀爬，就在前方的峰顶夺走了我们的全部视线时，渐渐地，我们的目光离开了脚下。而下山时又是怎样的呢？往下走时会有些恐惧，自然就会注意脚下了。可以发现，下山之时，人会一步一步踩实，再向前走。

人生与之相似，处于上升期时，基本不看脚下，自信满满，一味向上。但是，前进的路途上必定会有陷阱，不存在没有陷阱的人生之路。请照亮脚下向前行，虽然多少可能会走得慢些，但对于漫长的人生来说，这又算什么呢？

喝茶即喝茶，
吃饭即吃饭

我发现不注重饮食的商务人士最近多了起来。睡眼惺忪地随便塞点东西当早餐，太太好不容易做出营养均衡的饭菜，他却只是慌慌张张地把喜欢吃的东西塞进嘴里，就出门去了。午餐也是，仅仅考虑把什么东西装进肚子而已。傍晚时分已然忘记中午吃了什么。这种饮食习惯会令身心平衡慢慢崩坏。

禅学里有"喝茶吃饭"这样的说法。意思是说，喝茶时，精神要完全集中在喝茶上；同样，在吃饭时，精神也要仅围绕在吃饭这件事上面。要一边想着种菜给我们的菜农，或者吃鱼时感谢这条生命，一边心怀感激地用餐，这是禅的思考方式，而且"吃"也是一种重要的修行。

虽然普通人没必要做到这一步,但至少应该在用餐时集中精神。平时大家通常会和同事一起吃午餐吧,这当然不是坏事,但吃午饭时的话题还总是围绕工作的话就不好了。一直专注于说话,就会忽略吃饭,再美味的料理也会食之无味了。这种状态不能叫用餐,只能叫进食。享受一边聊着"这条烤鱼真好吃啊,是从哪里捕捞上来的呢?"一边用餐的快乐是非常重要的事情。

另外,下班后和同事去喝一杯时也一样,不能漫不经心地吃东西,浑浑噩噩地喝酒。请一定要用心品味每一口酒和下酒小菜。然后每吃一口,就要把筷子放下一次,这样一来就肯定不会吃多。在酒席上,人总会不知不觉地吃多,这并不是因为食物有多好吃,而仅仅是因为人会不自觉地往嘴里送东西而已。在那种状态下,恐怕连吃的是什么、吃了多少都不知道了。保持这种不良饮食习惯的话,肯定会生病的。

所有的事物都如永不停歇的流水一般，不停变化

谁都有这样的经历吧，明明睡眠不足，却睡不着，脑袋里回想着失败的事情，同时心里对于即将到来的明天充满不安，怎么都睡不着，这种时候很是受折磨。解决这一问题的方法很简单，那就是晚上不要胡思乱想。人在晦暗的空间里容易变得不安，这时要是再思考消极的事情，不安就会逐渐扩大。如果有什么该思考的事情，请对自己说："明天早上再想吧！"不可思议的是，当你在早晨明媚的阳光下思考昨夜那些事情时，会感觉烦恼变小了。对于同样的烦恼，早上和夜里的感知情况是不同的。如果夜里的烦恼是十分，到了早上它就变成六分了。这并不是说在你睡觉的时候情况发生了变化，而是因为那个烦恼本来就只

有六分而已。能把六分的烦恼变成十分，暗夜果然很可怕。

还有一点，用现在进行时思考问题。白隐慧鹤禅师写过相关诗句，翻译成现代文是这样的：所有的事物均如永不停歇的流水一般，一直处于运动的状态。没有所谓静止、固定的东西。痛苦的事情、快乐的事情、悲哀的事情都不会止步于此，它们都在不断地运动，不断地变形。因此，不能因痛苦而哀叹，不能因快乐而骄傲，因为事态是会发生变化的。请用现在进行时思考所有的事物。

真是一首含蓄的诗。就算工作上有烦恼，它也不会一直缠着你。事物是运动的。只要努力完成明天的工作，就算有些许不顺，那也没关系，不是吗？世上没有不败之人，也不存在没有不安的人。但是不能让不安自我膨胀下去。睡觉的时候要静心，恼人的事情明天早上再琢磨。

找一个可以对着自己大喝一声的地方

"最近你有大声喊叫过吗?""在卡拉 OK 里纵情歌唱过。"广义上讲,这也可以算。大声喊叫这种行为对人的身体非常有益。通过大声喊叫,人们可以减轻压力。在工作中,人们会产生迷茫——这样也不对,那样也不对,这种感觉在头脑里挥之不去,结果就会产生"唉,我真是太没用了"这种无谓的消沉情绪。在这种时候,请不要胡思乱想,试着大喝一声"哈"吧。

传说在中国古代的唐朝,有一位声音特别大的僧侣,只要这位僧侣大喝一声,周围的修行僧就会三天听不到声音,而且眼睛也会看不清。但多亏了这一声"哈",有很多人就此顿悟了。这也许就是禅学独特的世界观吧。这一做法流传至今,当人处在迷迷糊糊、浑浑噩噩之时,就要对他"棒喝",将其唤醒。

请试着对自己进行一次"棒喝"吧。"你究竟在做什么啊!""好!不再废话,我要开工了!""我一定行!我绝对能干好!"用这种方式来鼓舞自己,是消解迷茫最好的办法。当然,在公司肯定不能这么做,在地铁里也不行。想要这样做的话,去找一个能喊叫的地方吧。离海近的话,去海边向着大海呼喊;离山近的话,就早起进山,去山里高喊。实在找不到合适地方的话,卡拉OK包房里也可以。总之,找一个可以对着自己大喝一声的地方吧。

第二章

整理你的生活

请试着将所有的东西放下，放下对物念的执着

"舍弃"，放下对物念的执着，心就能得到快乐——这是曹洞宗开山祖师道元禅师在《正法眼藏》中说的。道元禅师认为"得到真理的最佳方法就是坐禅。凭借坐禅修行，将执着舍去，放下念想。如能放空心灵，就能达到与真理合二为一的自由自在的充实境界"。

我们人类只要活着，就会有各种各样的想法，想把它们全数消灭是不可能的。这个想要，那个也想要，之后渐渐生出更多的欲望。头脑囿于物质，只想着怎么守着它们，结果就会变得不自由。人的物欲无止境，就算得到了价值十万日元的手表，却也只有一瞬间的满足，接着就想要五十万日元的手表了，之后就是一百万、两百万的，买

手表变成了人生目标。你觉得这能算是幸福的人生吗？

请你务必试着做一次，将所有的东西放下，舍弃周围的一切。当然，基本的生存需要还是要满足的，是的，只留下对于你来说必不可少的东西。从现实角度考虑的话，上班时只需要一个提包即可，西装、鞋子也没有必要非名牌不可。就算是手表，虽然走向社会之后肯定不能选择一块像玩具一样的手表，但是一万日元足可以买到一块典雅优质的手表了。

而说起体量更大、价值更高的东西，车、房子这些都是生活所必需的吗？在国土狭小的日本行车，真的需要四轮驱动车吗？家里只有四个人，有必要住那么大的房子吗？仅仅为了满足虚荣心以及对物质的执念，就要持续支付超过自己还款能力的贷款。而收入减少、生活变得更加困苦的话，家庭氛围就会随之日益冷淡。明明是为了家人才买的房子，却夺走了家人的幸福——与其被这种东西束缚，不如干脆舍弃的好。让我们只留下生活必需品，把其他东西痛快地丢掉吧。实现幸福的必要条件不是物质，而是生活在那里的快乐的人们。

当你擦拭物品，心灵上的尘埃自然也被除去

禅寺的地板通常都是一尘不染、闪闪发亮的，这并不是因为地板上打了蜡，而要归功于被称为"云水僧"的修行僧人每天无数次的擦拭。在我所修行的曹洞宗大本山总持寺里也是如此，几百位云水僧每天擦地板的次数多达五六次。他们并不是因为地板脏了才去擦的，而是想要通过擦地板的行动，来去除心灵上的污渍。

另外，禅寺里还有一种叫作"制中"的集中修行。制中一年两次，每次大约一百天。修行僧中的首领需要每天凌晨三点起床，一人打扫所有的厕所。在这一百天里每天都要这样做，实在是很辛苦。但作为一次制中的领袖，他却会变得神采奕奕，端正的面容上没有丝毫迷茫。这应该

就是去除了心灵尘埃之后的表情吧！

像这样，养成擦拭身边某种物品的习惯非常重要。这一习惯不仅限于禅的世界，也适用于世俗社会。比如你可以试着擦拭公司的桌子或家里的镜子。不要因为它脏了才擦，而是要从净化自己的心灵这一角度出发，来擦拭那些物品。每天不要间断，心灵上的尘埃就会自然而然地被去除了。

无论与谁接触，你是否总会戴着有色眼镜看人呢？面对一个人，不是通过自己的双眼对其本质进行判断，而是被别人的评价左右。或者说，你是否会对某些不必要的事情过于执着？这些都是附着在美丽心灵上的赘肉，我们把它称为"心灵脂肪"。重要的在于，一定要把这赘肉去除。为了达到这一目的，我们需要让自己身边的东西保持洁净。如果日常生活中充斥着脏东西的话，人的心灵迟早有一天也会被污染。

真正想说的话，
不能用文字或语言表达

多数商务人士都有过给客户送材料的经历吧。将认真努力做好的材料放进公司专用信封里，然后带去给客户——这可谓非常普遍的行为。把材料放到公司专用信封里当然不算失礼，但何不再多用一点心呢？比如用布把信封包裹起来，再给客户带去。

里面的材料当然还是同样一份，但从对方的角度看，从公文包里直接拿出一个信封递过来和打开包裹着的布再呈上文件，感觉完全不同。客户肯定会这么想："这个人如此重视我们公司的文件啊！"我认为在工作中，双方负责人之间的心意相通十分重要。如何体察对方的感受，如何与对方相互理解——请记住这一点，就算没有语言上的直接交流，也要令对方能够了解自己的想法。

日本人一般不会直接表达自己的想法。一般是用委婉的语言，给交谈对象留下想象空间，这是一种美德。将感受、语言巧妙地进行包装，就能构建起不会产生摩擦的关系。

在禅学里，有"不立文字""教外别传"的说法。意思是：真正想说的话、想传授的教义绝对不能用文字或语言表达，正因没有任何文字记载，其才成为真义。就像这两句话的字面意思那样，不是把所有想传授的东西都表达出来，而是要给受教一方留下想象空间，即"包装"。

特意用包裹皮把信封包起来，乍看之下，此行为很是多余，但这正是日本人所特有的隐藏内心的方式。一张包裹皮和信封之间，充满了他的心意，充满了对客户的敬意、对工作的热忱。这种做法一定会打动对方的心。

修理物品的时候，也是在修复心灵

在进行云水修行时，禅寺里的僧侣通常会在四、九之日沐浴、净发。而在这一天还要做一件事，就是修理身边损坏的东西。衣服破了的话，就缝补起来；常用工具咔嗒作响的话，就尽可能地修好它，继续使用。总之就是要有珍惜物品之心。

比如常年使用的石臼，虽然老化之后无法继续使用，但我们僧侣不会将它丢掉。它作为石臼的使命已经完结，但它还可以化身成为踏脚石，再次被人利用。像这样，珍视物品的生命也是禅的精神。再比如盖子摔坏的茶杯亦可用作花器。遇到物品坏掉的时候，不要选择立即丢弃，而是要思考一下它是否还能有别的用途。

现代社会是"一次性"时代。的确，直接购买新的替代品比修理旧物方便许多，就连衣服也常常只穿一季就丢掉。这是一个轻视物命的时代。

虽然不是所有的东西都有修理的必要，但多少保有些许对物品的珍视之心如何？以前一定要换掉所有的东西，那么从现在开始，只换七八成，剩下的两三成认真修理，继续使用，或者给它找到别的用途——平时多留心，也许会有新的发现。

修理物品实际上与修复心灵极为相似。轻易丢弃物品的人，也会毫不在意地舍弃自己或他人的心。被抛弃过一次的心，绝不会再回来，所以请不要将重要的东西丢掉。

只要不是现在必须做的，就不放在桌上

我们时常会把各项不同工作的材料杂乱地放在桌上。等回过神来时，人已经被各种资料、物品包围，再大的桌子都会变得满满当当，人也无法动弹。资料堆积如山，它们之间的优先顺序就会混乱不清，结果本来应该立即处理的事情，却被放到了后面，这样一来重要的工作势必无法按时完成。

人一次只能处理一项工作，不可能几项工作齐头并进。大家应该养成集中精力做好现在应该做的事情的习惯，而不是把精力分散到不必要的事情上去。

请试着想象一下，一张大桌子上只放着一份资料，除此之外什么都没有——这种情况之下，人自然而然地就会

将注意力集中到眼前的工作上去了。因为仅能看到那份资料，那么也就只有集中精力处理它了。

那么，如果桌子上有与手头工作无关的东西，又会怎样呢？比如午休时你在街头拿到一份旅行宣传册，打算回家仔细看，就顺手放在了桌上。当工作时，不经意间看到了它，然后你就开始思考旅行的事情了。

"下次休假时去那里玩儿怎么样啊？"头脑里这么琢磨着，不由自主地就想翻看宣传册了，结果没等到下班，就把它看完了。这样的经历，大家都有过吧。旅行是件愉快的事情，所以大家想看旅行宣传册是很自然的。但正因如此，才不能把这种小小的诱惑放在桌上。而且就算是与工作有关的东西，只要不是现在必须做的，就都不要放在桌上，因为它们都有可能造成时间的浪费。我认为保持这样一种意识十分重要。

试着一周中至少食素一天，让内脏保持健康

"寄生死于心，寄生死于身，寄生死于道，寄生死于生死。"这句话的意思是："佛祖释迦将生死寄托于无心，即寄托生死于生命、寄托生死于佛道、寄托生死于命运。"虽说是"寄托"，但并不是指无所作为，而是说要去除恐惧和不安，对被赐予的生命充满敬畏、感谢，勇敢地活下去。

的确，当我们降生之时，性别、样貌、体质等都无法由自己决定。身体强健或病弱，都只能取决于佛祖。去世之时也是同样，我们无法选择离开的方式。将自己的生命托付给某种事物是需要巨大的勇气的，而与此同时，受托之事物也对人类进行了救赎。但是，有很多人并没有珍视

这来之不易的生命。生活不规律、暴饮暴食，这样一来，不管原来身体多么健康，也难逃病魔魔爪，所以一定要注意养成良好的生活习惯。我长年每天四点半起床，清扫寺庙庭院，早饭一菜一汤，晚饭因为要和家人一起吃，所以多多少少会吃些鱼肉，但基本上还是以蔬菜为主。

我长期保持着这样的习惯，因此肌肤透白，没有赘肉，内脏也很健康。请你观察一下一直坚持进行严苛修行的僧侣，他们的姿态都非常优雅。当然，在现代社会不可能一点鱼、肉都不沾，让人不要吃肉，这不现实。我在陪别人吃饭时，吃的也是和大家一样的东西。而且日常工作很辛苦，通过肉类补充营养也是很有必要的。但请您试着一周中至少食素一天，我觉得只要这样做，就能预防很多疾病。请不要再继续对健康不利、会招致疾病的生活方式了。

看看玄关，就能知道主人的生活状态

俗话说："看看玄关，就能知道主人的生活状态。"玄关处干干净净，鞋子也总是摆放得整整齐齐的家庭，他家的其他方面也一定都是井井有条的。相反，如果玄关处一家人的鞋子乱丢，地上还有从外边带进来的土，那么这家人肯定十分邋遢。虽然家家情况各不相同，但我还是认为，看了玄关就能了解这家人的生活状态。

"玄关"这个词从何而来呢？据《景德传灯录》（北宋道原撰）中的记载，"玄"为深奥的道理、绝对的真理，"关"则指关卡、关上的门、上锁的地方，用于表示通往重要场所的关隘之意。之后，引申为达到大彻大悟境界的重要关口。

在日本的镰仓时代，这一词语从禅宗寺院流传至民间。从那时起，普通民众也开始很严格地整理、打扫玄关了。这应该是"禅僧的修行从玄关开始"这种说法的来源。玄关是每家每户的脸面，对于每个家庭来说，它都是十分重要的场所。

不过在现代日本，住房情况有了很大变化，在国民中开始出现了忽略玄关的倾向。"想把玄关整理干净，但公寓的玄关太狭小了，没办法打理""反正打扫完也会马上变脏，打扫了也没用"——在这些想法的影响下，大家也就任凭玄关脏乱，置之不理了。殊不知，正是这些细微之处的不仔细毁了生活。不知不觉间，人的心灵和生活一起陷入了混乱。

请养成在玄关处认真摆放鞋子的习惯。不要总是支使妻子或孩子去收拾，要从自己做起，亲自整理。不能轻视整理鞋子这一行为，也不能认为这不过是件小事。乱放的鞋子是心灵混乱的忠实反映。"照顾脚下"——注意自己脚下，与审视自己的心灵是相通的。

艰难的时候，
需要的是超乎寻常的开朗乐观

一旦公司业绩下滑，你会发现同事们全都失去了笑容，早上见面也没了寒暄，相互之间也不愿多看彼此一眼，大家都阴沉着脸低头工作，很是压抑。当在公司一直阴郁着的父亲回到家，便会令家里也了无生气，孩子把自己关在屋里，夫妇之间也不交流，如此这般，会不会觉得自己正在浪费来之不易的生命呢？

自己没什么大病，有一份工作，家人都很健康，虽然吃得不算很好，但起码衣食无忧，你不觉得这已达到完美生活状态的九成了吗？剩下的一成其实是可有可无的。那么为什么不以笑脸待人呢？每天醒来，家人之间相互问候"早上好"。当听到家人对自己说"今天也要加油工作哟！"的时候，身体里立刻充满了直面辛苦的勇气。到公司之后，神采奕奕地跟同事打招呼："早上好，今天也一起加油吧！"——只需如此，大家就都会开心起来。当公司业绩良好时，表情有些阴沉也没关系，尤为神奇的是，在这种时候，人能把阴郁看成开朗。而在艰难的时候，需要的则是超乎寻常的开朗乐观。

佛教宣扬四种广大的利他之心，慈、悲、喜、舍，即"四无量心"。无论在怎样的情况下，都要对他人抱有慈悲之心，分享彼此的喜悦，心绪不乱，保持平常心。能做到这些的话，就能笑对彼此了。

所谓人生，就是哭哭笑笑的重复，悲喜如麻绳一般纠缠在一起。为了打败人生之苦，我们就必须拿起笑脸这一武器。所以自古就有"福临笑门"的说法。虽然生活不能总是尽如人意，但让我们一起找回笑容吧！

偶尔写写信，通过习字扪心自问

最近你给谁写过信吗？恐怕现在的商务人士都已不再写信了吧。自从网络这一便利的事物出现之后，沟通基本靠电子邮件了。电子邮件的确很是便利，能瞬间交换彼此的想法、信息，最重要的是，还很省钱。不用专门贴邮票，只要鼠标一点。对于高效推进商务运作，电子邮件不可或缺。

但正因身处这样一个时代，我才会推荐大家偶尔写写信。用即时通信工具进行交流沟通是很便捷，但这不能给你仔细思考的时间。人们会被必须马上回复的想法强迫，未经深思就给对方回了信息。而在这一过程中，很容易产生误解和隔阂。比如，你有没有过被对方的信息气到，于是愤怒地回复的经历？当你气势汹汹地发出"够了，当我没说"这样的信息之后，过了一会儿觉得"哎呀，糟了"时，为时已晚，发出的信息无法撤回。

这种情况下，如果使用书信联络，又会怎样呢？你生气地写好信，然后把信塞进信封，再贴好邮票，边想着"哼，我要跟这家伙绝交"，边走向邮筒。但是，途中你会突然重新考虑一番，"这些话会伤到对方吧"，怒气也会徐徐消解，最后没有把信投入邮筒就回家了，心想"今晚再考虑一下，明天再说吧"。到了第二天，怒气全消，还又想到了对方的许多好处。多亏有这些思虑，才没有失去一个朋友。

书写信件的同时，也是在直面自我。禅僧嗜书，并不是把它当成书法作品来完成，而是通过习字扪心自问。不要总是"打"邮件，偶尔也写写信吧。

在匆忙的人世间，不能忘记人类的节奏

每天早上冲出家门，快步走向最近的车站，跳上固定班次的电车，在车上挤一个多小时，到了公司所在的车站下车，默默不语地低头前行。好不容易到了公司，直接坐到自己的座位上——请回想一下那一瞬间的自己。呼吸情况如何？身体是否感到疲乏？精神状态又是怎样？如果你呼吸平稳、身体状况良好、精力充沛且充满干劲的话，那我就没什么好说的了。但是，只要这三者之中有一项令你感到有压力，那就肯定不算状态良好了。人的生存依靠"身口意"三者的活动。佛教认为修行想要有所成就，首先就要使身（身体）、口（语言）、意（情绪）三者之间保持平衡。其中任何一环失衡，修行就会半途而废。

话题转回个人的日常生活，如果你觉得平衡被打破了，那请试着改变一下生活习惯。比如可以比平时早起三十分钟，不急不缓地走到车站，然后在公司前一站下车，从那里开始悠闲地散步到公司。你会发现一直从电车里眺望的商店街就在眼前，有老牌牛奶店，还能看到五金店。带着小小的惊喜和感动发现："咦，这里居然有个公园。"仰望天空，耀眼夺目的阳光从树杈间洒下，路边还有花朵绚烂开放——在上班下班这种极其平凡的日常生活中，你能看到从未见过的风景。这样的闲散时光，能帮你找回身口意的平衡。

对于人来说，走路是生存的基本，而且要以人的节奏行走。在这匆匆忙忙的人世间，切不能忘记作为人的节奏。一周一次也好，试着调整呼吸，舒缓情绪，散散步吧。

暂时逃离现实，一边望天一边发呆

一天之中，你有什么都不想、发发呆的时间吗？"我没空做这事儿。""要是发呆的话，工作不就没法做了吗？"我仿佛能够听到商务人士这样的回答。不过人类的头脑需要休息，它不能做到一直持续思考。什么都不想的发呆时间，可以让心灵得到复原。

大家都能做到什么都不想吗？请尝试一次。当头脑里出现"我要什么都不想"这个想法时，其实大脑就已经开始思考了。就算眼睛一直闭着，但脑海里总是会浮现出各种事物：上司的面孔、还没完成的工作、食物……实际上什么都不想是很难做到的。用禅学的话讲，这就是"无"的境界。僧侣们为了达到这一境界，每天都要进行严苛的修行。我虽然常年修行，但也达不到"无"的境界。就算在静默地坐禅，头脑中还是会思考些事情。比如"啊，秋风吹来了""今天早上庭院打扫得真干净啊"之类的。

不过大家作为普通民众，不需要修行，也没必要追求达到"无"的境界。可以试着在午休时坐在桌前，闭上眼睛，远离工作一小时，发发呆。当然，头脑里肯定会出现一些事物，而且完全不想工作的事情也不太可能。这也没关系，但请试着及时将浮现在脑海里的事情干脆地赶出去，不要让它停留在头脑之中。一旦出现"那项工作还没完成呢"的想法，就要立刻赶走它，"哎呀，算了，回头再说吧"。出现负面情绪也一样，姑且现在不去想它。这是一种具有正面意义的逃离现实。每天十分钟就好，养成这样的习惯可以让人的心灵变得很轻松。如果可以的话，最好能到公司外，一边望天一边发呆。

与其依着不知所谓的习惯，不如专注品味

被人问起"是不是该戒烟啊"这一问题时，我当然会回答"戒掉比较好"。我不是医生，所以对专业知识不太了解，但也知道吸烟有害健康。明知不好，还要吸烟，甚至上瘾中毒也在所不惜，主要还是因为吸烟能让人感觉放松吧。我本人不吸烟，所以无法体会，但对于吸烟的人来说，吸烟应该能够消解压力吧。

不是猛地彻底戒掉，而是努力试着减少吸烟量，怎么样？无论何事，想要一下子做好，都容易欲速则不达，与其这样，不如试着慢慢减少吸烟量。这种方法的要点有二：并不是真想吸烟时，逼着自己不要吸；不要让手下意识地伸向香烟。只要注意这两点，自然就能减少吸

烟量了。

最近街头等公共场所基本上都是禁烟的，能吸烟的地方十分有限。在车站站台等地设有专门的吸烟处，在电车上忍着不吸的人，一下车就冲向那里点上了烟。仔细观察会发现，多数人都要连着吸两三支。他们的想法恐怕是这样的："不在这里吸的话，又要好几个小时不能吸了。"明明还不想吸，手却不由自主地点着了烟，这种下意识伸手吸烟的行为也很多余。

"喝茶吃饭"——吃饭时注意力集中在吃饭上，喝茶时注意力集中在喝茶上。虽然有些牵强，但也可以此类推至吸烟上。请试着在吸一根烟时，细细品味，注意力集中地吸烟，边说着"啊，舒服啊"边吸烟。这样一来，就会产生吸一根烟的满足感。既然同样是吸一根烟，与其依着不知所谓的习惯吸，不如专注地边品味边吸，这么做反倒能够出乎意料地减少吸烟量，最终达到戒烟的目的。

已经发生的事再多想也没用，忘了吧

禅学里有"破镜不照"的说法，意思是"已经打碎了的镜子，不能再用来照人了。事情已经发生，再纠结于过去是愚蠢的，不要一味自责，重要的是，要将反省的工夫多用在向前进上面"。简而言之，就是说后悔没用。

"反省"一词平时很是常用。当工作没做好，就会被上司斥责道："好好反省一下，下次不准再犯同样的错误！"自己有时也会反省自己的言行，比如："怎么可以说那种话呢，会伤害到对方。"虽然这类反省很重要，但如果就此停滞不前，那就不好了。总结失败的教训与单单不停地回想过去发生的事不同。不要停在这里，要赶紧进入下一步——禅学里是有这种积极精神的。

禅学里的"反省"不是寻求自怨自艾。也就是说不要因为自己做错了就拼命自责，而是要冷静地检讨自己为什么会犯错。在体育界，就算有人失败了，也会互相说"别介意"这样的话，用"don't mind"鼓励人。"别介意"与禅学的"反省"之间具有异曲同工之妙。失败了，当然必须认真分析原因，吸取教训，不能再犯同样的错误。于是，当分析犯错误原因、总结失败教训之后，就不要再纠结它了。告诉自己"没事没事，总会有办法的"，"已经发生的事再多想也没用，忘了吧"。不光心里要这样想，嘴上也要大声说出来。当说出"好了，已经没事了！"这句话的时候，体内会不可思议地生出气力。这一点在脑科学领域业已得到证实。积极地思考问题，会使脑本身的思维方式变得积极。总在后悔中自责的话，人是会患上精神疾病的。总之，积极的思考十分重要。

保持心如止水，无谓的压力就不会出现

所谓压力，是因心有所动摇而产生的。对别人产生愤怒或嫉妒的情绪，感到自己的精神状态有些异常，或者被无来由的不安和痛苦笼罩，这类心灵的动摇，正是产生压力的原因。如果能保持心如止水，无谓的压力就不会出现，同时人也可以从愤怒、嫉妒、执念之中得到解脱。禅僧的修行，就是为了保持心绪的长久平静。

最近为了坐禅修行而来到寺院的人变多了。以前的坐禅会人员构成多以老年人为主，而现在年轻的商务人士却占据多数。他们多是为了在忙碌的生活中寻求心灵的片刻平静而来的吧。在静寂中坐禅，心灵也会归于平静，执念由此消解，看到本真的自我，同时深切地感悟到生命可贵，

于是脸上会出现澄澈的表情。拥有这样的自省时间非常重要。

不过一旦坐禅结束，回归到现实生活，心灵的平静就又会被骤然打破。早上坐禅时好不容易得到的平静心灵，一来到公司就又变得躁动不安。禅学中有"动中静"的说法，意思是，只能在安静的环境中保持的心静，不是原本的心静。真正的心静是指，无论世间如何纷乱变化，心灵依旧可以保持岿然不动。

当然，一般人没有必要也没有能力做到这种地步。不过，最好能掌握在心被扰动之时重获安宁的方法。在这里我推荐一种方法，即携带只属于你自己的护身符。护身符不见得非要是从神社或寺院请来的那种，孩子的照片也好，学生时代的纪念品也好，请将它一直放在身边，每当心有所扰的时候，就摸摸它。只需触碰到它，心境就会奇迹般地得到平复。请试着寻找一个能让你的心灵获得平静安宁的护身符吧。

感激给予自己生命的人，
静静地陪着他们坐坐

现在选择与双亲同住的人应该不多了。很多人选择在东京或大阪等大城市工作，并在那里购房置业。就算想回故乡生活，也会因故乡无法提供充足的就业机会而放弃这种想法，从而远离故土。考虑到现代日本的状况，这也是没办法的事情。

不过，还是请你能够尽可能地常回家看看吧。很多人在盂兰盆会和元旦时肯定会回家，但在这里我想倡议的是，回家不光要在节假日，而是想到要回家看看的时候就立即起程。回家之后也不用多说什么，只要安静地坐在年迈的双亲身边，就足矣。"工作还顺利吧？""嗯，还可以吧。"进行这种简单的对话就足够了。甚至不说话，只是看看双亲的脸，感受他们的存在，就能让人心情平静。请感激给予自己生命并养育自己的人，静静地陪着他们坐坐吧。

"恩"，"因"下有"心"。所谓"恩"，就是指把形成今日之我的原因铭记于心。简言之，即不忘别人为你做的事，保有感恩之心。关于"恩"，有很多佛教经典对此有所解说。依据教典的不同，可能会有些许差异，但多数都将恩归结为"父母之恩""社会之恩""国家之恩"等。而且在经文中有如此的教诲："人要知恩、报恩，才可称之为人。"我们作为人，是依靠着他人的帮助才得以生存的，没有人能够凭借一己之力独自生活，总是需要别人的帮忙。

所以我认为，双亲的存在是让我们怀有感恩之心的关键。在母亲面前说漂亮话是没用的，在父亲耳边吹牛立刻就会被识破。在父母面前，任谁都会现出原形。我认为创造与父母相处的时间是十分重要的。探望双亲，不光是为了他们，也是为了自己。

坐在树下，
度过一段安静的时光

在这人世间，我们伴随着出生、成长，总会因为顾及面子或者跟周围人比较，搞得自己郁闷惆怅。在意公司内对自己的评价、周围人的目光，又或者把自己跟同事进行比较，"他当了部长，而我只是个课长"，如此一来变得情绪低落。而且不光自己要跟别人比，还把这种压力转嫁给孩子。你肯定说过这样的话吧："隔壁家小孩考上了一流大学，你也要努力！"总是充满这样不讲理的念头，何来幸福人生可言？虽然大家都知道这样不能感到幸福，却总会不经意地与人比较，也许这就是人类的本性吧。所以，至少有必要创造出寻找真正的幸福的时间。

太上隐者有诗云："偶来松树下，高枕石头眠。山中无历日,寒尽不知年。"这首诗讲的是:悠闲出游,看到老松枝叶甚好,想着要在这里睡一觉,就躺下了。一觉醒来,不知今夕是何夕,但因寒意全无,感觉应该是已到春天了吧。而自己已然忘却年纪了。

不要闷闷不乐地自寻烦恼,试着不被时间束缚,悠闲地出去走走吧,也许这正是人生享受的极致之所在呢。也许有人觉得,出去旅行这件事好像是在逃避现实,然后由此又会感受到自己的懦弱,从而犹豫是否要出行。但有时逃避现实也是必要的,不是吗?这不是指从现实中的工作中逃走,工作无论如何都是要努力面对的。不过尽管如此,时不时躲开现实中无聊的比较、竞争也很重要,即要制造出离开惯常的生活工作空间,冷静远观所谓的公司、社会,或者客观审视令自己烦恼的事由的时间。简单的周末一日游也是不错的选择。坐在松树下,度过一段安静的时光,你觉得怎样?

怀有感恩之心的人，必将得到回馈

禅学里有这样的教谕："生命来之不易，又转瞬即逝，活在当下难能可贵。"

也就是说，这一世，作为人而出生是极为困难的事情，好不容易得到的生命，却又会如白驹过隙般逝去，能如此活在此时此刻十分难得。

今生，我们生而为人，不是别的什么猛兽、昆虫，而是人。双亲继承了祖先的血脉继而相会，才使我们活在当下，这简直就是奇迹，是极其难得的事情。

正因如此，我们才必须常怀感恩之情。心存感恩，不忘初心，努力奋斗，不辜负父母赐予我们的珍贵生命，才是幸福。

再以食物为例。我们每天都会理所应当地吃饭，而我们所吃的每一种食物，都是经过百人之手才得以进入口中的。其中有耕地、播种、培育作物的农民，有生产肥料的工人，有铺设灌溉管线的水管工，还有收获、挑选作物并将它们送到菜店的人。因为有这些人，我们才每天都能吃上饭。我们要心怀感恩，牢记这一切。

而且，怀有感恩之心的人，必将得到回馈。对旁人时刻抱有感恩之心，会令自己满足。感恩会带来幸福。

没有多余动作，
举止就会端庄优雅

　　长期修行的禅僧的行为举止，通常看上去都十分优雅，就算是平淡无奇的日常姿态，也很是优美。这是因为在禅僧的生活中，完全不存在多余的动作。反过来讲，举止不优雅，就是多余动作过多的缘故。

　　禅僧使用的衣服、餐具等日常用品均有其固定的收纳地点。每次使用后，总会立即放回原处，绝对不会过会儿再收拾，这是一条铁律。因为东西总是放在同一个地方，所以就不会出现乱找东西的情形。因此，慌乱寻找的行为，完全就是多余且不雅的。

　　在工作中，必需品常备手边也是十分必要的。我听说有研究表明，人均每天用在找东西上的时间是几十分钟。

如果在八小时工作时间内，有几十分钟用来找东西的话，那实在是太浪费了。要是能把这个时间省下来，就能有效地提高工作效率了吧。

"工作常用物品是什么？它通常放在哪里？下一个项目会用到什么？把它放在什么地方合适？"——只要头脑里常装着这几个问题，就能节省大量时间。而时刻做好各种准备的人，其举止便会得体优雅，工作时会觉得效率很高，恰如优雅地完成工作一般。"把那份材料拿来。"当上司如此命令，而你的回答却是"请您稍等，我这就去找"，并且开始在桌里桌外到处乱翻，这样一来你将无法得到重要的工作。将下个项目必需的物品常记于心，才能获得信赖。

而优雅的举止正是来自高效的工作状态。一定要尽力避免将时间浪费在找东西上，这一理念将令你变得优雅。

时间分秒流逝，认真对待每个现在

禅学里有"当下"这一词语。

"现在"指代身处的时间。现在，自己正在做的事；现在，自己所处的立场。虽然我们身处现在，但实际上这个"现在"在意识到它的那一瞬间已经成为过去了。时间分分秒秒流逝，永不停歇，因此我们要珍惜匆匆而过的每一瞬间——这就是"当下"的意味。

请试着计算一下人一生中的时间。假设每天的睡眠时间是八小时，也就是一天的三分之一。如果人的寿命是八十岁，那么其中的约二十七年就要在睡眠中度过了。还有，一天中约有三小时用来进行吃饭、洗澡、上厕所等活动，那么在人的一生中，进行这些活动的时间约为十年。再加上看电视、读书，乃至发呆都需要时间，每天做这些事大致也需要三小时。这样算下来，人生八十年中的约四十七年都将被生活必需事项占用。于是，你明白"现在"有多重要了吧。

我们总会在不经意间去描绘被称为"明天"的未来，但不管怎样思考、计划，明天都无法准确把握。思考筹划一个月、一年之后的事情，都只不过是头脑中的世界而已。与其抱持着对未来的不安、对明日的忐忑，不如想想到底什么才是现在的自己最应该做的事。生命的真实只存在于"现在"。

人，不管怎么努力，最后终将迎来死亡。在生命的尽头，你是已经完成了自己所有的愿望微笑长眠，还是留有很多未竟之事抱憾而去，又或者懊恼于自己碌碌无为的人生而不能瞑目？——你的人生有怎样的结局，是由你自己决定的。我们要认真对待每个"现在"，才能得到充实的人生。

反省过去的确重要，但是不可被它束缚

旧事物不断逝去的过去，新事物不停诞生的未来——我们就在这死生之间轮回，也就是生死无限循环。

我们容易在不经意间为过去所束缚。你也有过事后这样闷闷不乐的时候吧——"要是那样就好了。""这事如果这样办该多好。"当然，能够从过去的失败中汲取教训，继续向前迈进，这绝对是件好事，但一味地纠结于过去则毫无益处。所谓覆水难收，再怎么哀叹，也无法回到过去重新来过。既然如此，不如集中精力做好现在可以做好的事情，并继续向着由此而生的未来前行。反省过去的确重要，但是不可被它束缚。

道元禅师在他所撰写的佛教思想论著《正法眼藏》中

收录了"前后际断"这一词语。这个词语的意思是，昨日是昨日，今日是今日，明日是明日，它们并不是连续的。一天一天、一分一分、一秒一秒，都是绝对独立的事物。我们正是生存在这一秒，而这一瞬，才是人生的真意。

晨起，
用沉静的心考量今日应做之事

禅僧的一天，从凌晨四点开始。清理蒲团，整理仪容之后，就开始每天清晨的第一次坐禅——晓天坐禅。结束早课后，打扫佛堂、庭院。当这一切都完成后，就到吃早饭的时间了。一年四季，三百六十五天，天天如此。由此可知，每天必做的事情全都在早晨完成。

白天要做的事情，根据修行道场的不同而有所区别，有的是耕种，有的是化缘。总之就是在必须完成的事情做完之后，才能将剩余的精力、时间用来做别的事情。可能有人会这样认为，用不着四点起床啊，七点起床也来得及吧。的确，每天从七点开始也可以。但是，将事情提前做，是有它的道理的。

清早的空气分外清新。就算是在大都市的中心地带，早上的空气也是没有污染的。深吸如此清冽的空气，对人的身体大有益处。请你试着每天稍微早起一会儿，出门转转。活动身体的同时，来做深呼吸。随着朝阳的升起，鸟儿开始鸣叫，周围树影渐渐清晰，你可以感受到自然界的活动，并由此产生生命生生不息的实感。身心充满着力量，精神也奋发向上。

或者你也可以试着早起坐禅。气沉丹田，心如止水，用这种沉静的心来考量今日应做之事。如果能够养成这样的习惯，那你在出门时必定思维敏捷、头脑清醒，乘坐电车时也不会昏昏沉沉了。抵达公司的瞬间就可以立即集中精力投入工作，这样一来就比别人领先一步了。

无论什么场合，
精力集中就不会迷失真我

临济禅师的弟子慧然在其编著的《临济录》一书中收录了这样一句话："随处作主，立处皆真。"这句话的意思是："无论在什么场合下，只要精力集中、一心一意，就不会迷失真我。"也就是说，要心无旁骛地去做事情。

与工作合二为一，与"现在"这一时间点合二为一，是怎样一种感受呢？以作家写小说为例，当他开始创作时，会一边在头脑中形成故事梗概和架构，一边写作。但随着写作的推进，不知不觉地，作家和故事中的主人公逐步开始一体化，仿佛自己就是故事中的人物一般。这一瞬间，作者就好像与小说合二为一了。这种状态亦可被称为"无意识"状态，它超越了在头脑中形成的意识。这就是所谓的精神集中。

我在整理庭院的时候，常会陷入无意识状态。无视周围的一切，不管谁对我讲话，我都好像听不到一样，感觉我已与庭院融为一体。当人陷入这种状态时，工作效率会高得惊人。虽然自己脑中并没有要赶紧处理好的意识，但结果却是工作高效地完成了。

再进一步讲，禅学中没有"一边……一边……"的概念。一边扫除一边做别的事情，这样无法达到与事物合一的境界。将精力全部集中在眼下的事情上，这才是精神集中的精粹之所在。

想放松身心，
就集中精神去休息

想必你也有过这样的经历吧，休息日时，不到天亮不睡觉，磨磨蹭蹭起了床，又瘫在沙发上看电视，等回过神的时候，天已经黑了，这时才想起来："啊，我今天都干了什么啊？"

不能这样虚度光阴。休息当然很重要，但休息不等于浪费时间。如果想放松身心，那就集中精神去休息。浑浑噩噩地消磨时间不是休息，不但不算休息，甚至还会起到反作用，令人更加疲惫。

禅寺里有一种被称为板的响器，通过敲击它，可以让修行僧们知晓时间。禅寺的板上一定会书写如下文字："谨白大众，生死事大，无常迅速，各宜醒觉，慎勿放逸。"

该偈语的意思是：死生重大，世事无常，绝对不能浪费一分一秒，此事大家必须领悟牢记。

　　道元法师也说过："人不能徒然无益地活到百岁，生命宝贵，务必珍视。"请你回顾过往，是否曾经虚度时光？比如在工作中，当你吃过午饭，回到自己的办公桌前，有没有立刻投入到当前的工作中去？还是说浪费了些许时间呢？这样一点一滴的浪费累积起来，导致你的工作不能按时完成，而不得不加班。而且这种时间的浪费积累得越多，加班的时间就会越久。不要浪费一分一秒——这才是工作高效的秘诀。

敏锐地抓住对方所看重的那一点，并为之努力

所有事情都有一个重点，俗称"脐"，相当于事情的中心、核心部分。如何抓住重点，也是禅修的一环。

每项工作均有一个最为关键的点。开工之前，必须先抓住它。完成一项工作需要各种各样的作业，但所有这些都要围绕着那一点进行。如果没能抓住重点，无论再怎么努力，也都只能是做无用功。

请仔细观察工作能力强的人的一举一动，能发现他们会采用最便捷的方式方法达到目的。而工作能力不强的人则总是在外围绕圈，不得要领，看上去很忙碌，工作却毫无进展，主要原因就是他们没能抓住重点。还有一句俗话："只见树木，不见森林。"这指的是不能全面把握工作整

体，从而使得工作无法推进。

另外，抓住客户期望中的"重点"也很重要。比如一位客户不选别家，指定要和你的公司合作，这时你不能满足于此，而是要思考为什么客户要选自己的公司，是因为价格便宜，还是觉得负责人有能力？或者有别的什么原因。总之一定要敏锐地抓住对方所看重的那一点，并为之努力，才能准确有效地回应对方的期待。

在禅修中也如是，参透对方的心绪十分重要。师父真正想告诉弟子的是什么？师父的教诲弟子究竟掌握到了何种地步？不用言语对话，仅通过眼神交流就能了解对方的真意。边全面捕捉对方的人格，边读出他现今所想。在工作中也一样，一定要抓住对方心之所重。

人无欲则心充盈

只要是人,就会有欲望。就算长年修行的僧侣亦不能免俗,他们也无法完全脱离欲望的束缚,而且完全抛弃欲望也是没有必要的。欲者,生存之必需品。正因为有欲望,人类才有为满足欲望而生发出的动力以及上进心。欲并不等同于恶。

但是,切不可让欲望支配我们的心灵。所谓欲望得到满足是怎样一种状态,这并没有一定的标准。自己觉得满足了,那就是满足了,而自己觉得不满足,那就怎么也无法感到满足。以财富为例,有的人拥有一百万日元就觉得很满意了,而有些人,一亿日元也无法令他满足。我们可以看到,虽然后者更有钱,但前者在心灵层面率先得到了满足。

在《佛遗教经》中，有关于"知足"教谕的解说："多欲之人，多求利故，苦恼亦多。少欲之人，无求无欲，则无此患。"

人的欲望是无止境的。拥有了这个，立刻又想要那个，由此欲望开始无限膨胀。当人被欲望支配，就会常常觉得不满足。随着这种念头愈发严重，他就可能会为了满足自己的欲望而不惜排挤他人，从而失去自我，并在无法体会满足感的状态下迎来生命的终点。

所以说，"知足"十分重要。只要拥有能够满足自己日常需求的东西，就足够了，得到别的一些超出日常所需的东西，也不会让人产生更强烈的满足感。正所谓人无欲则心充盈。

第三章

工作就是修行

请不要把当下该做的事情拖延到明天

以禅的思考方式，不会产生将现在可为之事拖到日后再做的想法，头脑里也不会出现"这件事今天不做也没关系""明天再做也来得及吧"这种念头。"现在"这一时间点就是人的全部，极端一点说，我们连自己明天是否还活着都不知道。这样一来，如果今天有尚未做完的工作，那就有可能再也没有机会完成它了。因此，禅学提倡可做之事立即完成。

光阴似箭。道元禅师曾经说过，日月经行快似箭矢，生命犹朝露般脆弱，昨日之日不复重现。正因生命只有一次，所以一定要珍惜每一刻，这也是禅学精神之根本所在。

特别是在公司里做领导的人，更需要时刻警醒，因为如果当领导的人判断迟缓的话，那之后的工作都会依次顺延，以致造成不可挽回的后果。

例如，上司晚了一小时做出判断，明明可以立刻行动的事情，稍有推迟，之后部下前往合作伙伴那里的时间就会晚三小时，而合作伙伴开始着手工作的时间更会大幅度推延。也就是说，虽然上司只晚了一小时，但结果可能使工作拖延了三日之久。

这与高速公路上的堵车类似。前面的车稍稍刹车，后面的车就会降速行驶，一辆一辆累积下来，就引发了交通堵塞，即前方车辆的一次刹车，与大堵车直接相关。工作中也存在相似的现象。

立即着手，并不是什么困难的事情，这取决于自己的心。请不要把当下该做的事情拖延到明天，现在就开始行动，这一定会让你得到高度评价。

春风仅有一度，切勿错失良机

关于"结缘"，禅学里有这样一个寓言故事。

有两棵梅树，其中一棵一直为春风吹来即刻花开做着准备，而另一棵则在春风到来之后才开始准备开花。严寒中的某一天，春风突如其来，但只有一天，翌日又重归寒冬。一直准备着的梅树上开出了可爱的花朵，而另一棵却一朵花也没有开放。机会对任何人来说都是平等的，是抓住还是错过，全在于平日是否有所准备。如要结缘，不能懈怠，因为妙不可言的缘分有可能在某一天就翩然而至了。如果能顺利抓住开始的缘分，它会促成接下来的一个个良缘，这就是所谓的"吉利"。而"不祥"则是由于开始没有结下良好的缘分而造成的。

以公司领导交代的任务为例。因为任务很麻烦,所以谁都不愿做,而这对你来说却是最好的机会。正因是大家都不想做的工作,才要积极自荐。只要这次出了成绩,接下来就会得到一个又一个好机会,这就叫与好项目结缘。

工作没有好坏,任何工作都有其存在的意义。一定要认真做好眼前的一份工作,春风仅有一度,切勿错失良机。

果断拒绝超出自己能力范围的请求，是一种工作礼仪

要完成公司里的工作，通常需要团队合作，团队成员相辅相成，才能达成目标。一般情况下，在工作中请同事帮忙或帮同事的忙，共同完成任务是很常见的形式。

在工作中，如果有人向你请求帮助，不管怎样你都想为他出一份力吧。不过虽然想帮助别人的这份心很值得称赞，但当你自己的工作还没有完成的时候，最好不要轻易许诺。

总是答应帮人做事的话，慢慢地，就会在不知不觉间应承下各种各样的事情。当然，如果你有时间的话，就完全没有问题，但当你自己手头的工作尚未完成时，无谓地增加工作量是不会有好结果的。所以当别人请你做事时，

首先要对自己的能力状况和时间分配情况进行冷静判断之后再量力而行。

怎样冷静判断呢？第一要全面把握对方所请求帮助的任务情况。重要的是，要在全面把握工作任务的基础之上，告诉对方哪些部分自己可以提供帮助，哪些部分自己能力不足，无法完成，这样一来也可使对方安心。

虽然面对各种请求全都应道"交给我吧"很是豪爽，但这反倒会让对方感到不安。果断拒绝超出自己能力范围的请求，是一种工作礼仪。

禅语有云："下载清风付与谁。"意思是放下所有的包袱，顺流而下的悠闲自在，不是任谁都能体味的。也就是说，只将精力集中在与自己能力相符的事情上就好。不管工作项目有多大的吸引力，只要它非自己目前能力所及，就拒绝了吧。而且只要将已接受的任务圆满地完成，就能够获取信赖。

制订计划十分重要，
但不能认为计划一定会顺利进行

创建了剑术流派柳生流，并担任将军剑术指导教官的柳生但马守宗矩前去拜会泽庵禅师。

他问道："剑术中，最强的招式是什么？"

泽庵禅师回答："不被对手的任何部分束缚。"

假设你打算攻击对手的小臂，这时你的注意力会全部集中在他的小臂上，自己身上就定然会出现破绽。同样，打算攻击对手的身体时，你的精力就都放在他的身体上了。而当对手攻击你的身体时，为了防止他得手，你就会思考如何封住他的动作，从而疏忽了对其他部位的防御。也就是说，因为要对抗所有部位的攻击，所以绝对不能被某个特定部位束缚。这一点之后作为柳生流的奥义流传后世。

这么说来，工作的秘诀又是什么呢？那就是不要被工作计划束缚。"现在着手进行的工作，下周就能做完吧。然后把成果提交给客户，下个月也就可以顺利推进了吧。"计划在你的脑海里如此描绘，而你也相信工作会按此计划执行。但工作的进展并不总会按部就班。你可能会身体不适，对方也有可能发生状况。不清楚未来会出现什么情况，这才是工作。

制订计划十分重要，但不能武断地认为计划一定会顺利执行。没有必要因计划的顺利执行而喜悦，也不用为计划受阻而沮丧。在计划无法顺利实施时，制订一个新的计划就好了。

俗话说，人生是一部没有剧本的电视剧。但就算明知如此，人们还是会选择按计划行事，这恐怕是因对未来抱有不安的情绪，为了去除不安，才会制订计划。从某种角度上讲，这也是没办法的事。在工作乃至人生中，只能尽可能减少计划的束缚，并不断对其进行转换。

正因彼此都有各自的烦恼，
所以才更要好好相处

　　人与人之间为什么会起冲突呢？答案只有一个，那就是各自有各自的主张。人类通常并不想承认私欲、自我主张的存在，他们否认自己有私欲，说自己并不是利己主义。可是虽然他们看不到自己的自我主张，却能犀利地指出别人的自我主张。当人们产生了"我知足常乐，他却欲壑难填"这种想法时，矛盾冲突就在所难免了。

　　谁都想让别人了解自己的感受。因此，为了让别人了解，就会对他人的思考方式强加干涉，并且相信改变对方是为他好。但类似这种为了让对方理解自己，而试图改变对方思考方式的不必要的意图，正是所谓的自我主张。不存在什么可以按照自己的想法改变他人的事情。而面对这类无法改变的人时所感受到的压力,生成了人际关系中最大的烦恼。

曾经,有人想请一休和尚题一幅字作为那人家的传家宝留给后代。于是一休画了两具骸骨,并在旁边写了一句话:

"不吵架就不能生活吗?反正死后都是这副样子。"

这句话的意思是,争吵就是彼此烦恼的冲突,虽然只要活着就免不了会吵架,但这的确是件很愚蠢的事。画中的两具骸骨,一具是自己,另一具是跟自己争吵的、可憎的对象。这个故事告诉我们:无论怎么吵,大家的结局都是一样的(变成骸骨),如此想来,现在的争吵实在是太过愚蠢了。

正因大家彼此都有各自的烦恼,所以才更要好好相处啊。

率先垂范，
这才是最好的用人之道

有句话叫作"行解相应"。自己坐在桌子前发号施令，是无法让周围的人行动起来的。想让别人开始工作，必须自己率先身体力行。这样一来，看到你劳作身影的人们也就会开始工作了。自己能做的事，不要被别人要求之后才做，而是要主动去做。

不仅如此，在禅修时，不允许出现让别人代替自己做事的情况。"我今天很累，你替我扫除吧"，这样的事情不可以出现在修行过程中。只有自己去扫除，才算是修行；就算觉得很累很苦也要去做，才算是修行。如果把工作比作修行，也是一样的吧。

堆积如山的工作就在眼前，不能把它们即刻推给他人，而是要尽自己最大的努力去完成它们。不管什么工作，自己努力去做了，才会得到充满喜悦的满足感。如果总是把事情推给别人做，就算最后成功了，你也会感到空虚。

而且一旦周围的人看到了你努力奋斗的身影，他们就会想要帮助你。"我来帮帮你吧。""有什么我能做的，你尽管说。"这时就算你没有请他们帮忙，他们也会主动做起来的。率先垂范，这才是最好的用人之道。

年轻人要以上司、前辈为榜样努力工作。总把事情推给他人的人得不到尊重，只有自己努力奋斗，别人才会跟着你走，这一点请牢记于心。

事情顺利进行的时候，
更要小心翼翼

每天的工作，有时进展得十分顺利，有时却会遇到些阻碍。工作这件事没有那么简单，不是只要努力了，就一定会看到好结果。假设你的努力程度为十成，最后的结果也是十成的可能性基本没有。多数情况下，与十成努力相对的成果大约为六成，能达到七成或八成都算是运气好了。这就是工作。

不过也存在这样一种罕见情形，即并没有付出多大努力，就收获了极佳的成果。如只用了六成的气力，却得到了十成的成果。这种堪称奇迹的事，只可能在好运不断或者有贵人相助的情况下才会出现。工作时间长了，多少会碰上一次两次这样的情况。这绝不是坏事，怀着感激的心情，充分享受成功的喜悦就好了。但是，如果你从此沾沾自喜，过于相信自己的能力，那么前面一定会有一个大陷阱在等着你。

禅学中有这样的教诲——"战战兢兢，如临深渊，如履薄冰"，就是说人在深渊前或薄冰上行走时，要时刻注意脚下，谨慎小心前行。这也是在告诫人们，勿忘慎重行事。

人生道路有坦途也有崎岖，遇到艰难险阻会谨慎前行，但诸事顺意之时却易在不经意间忘却慎重。当你充满自信、无所畏惧地大步向前时，殊不知挫折的种子已然在不知不觉中种下了。事情顺利进行，也就是所谓走运的时候，更要小心翼翼、谨言慎行，只有这样，才能在不顺利的时候冷静镇定、平稳度过。

一日不作，
一日不食

每天被工作追着跑，任谁都会攒下一堆事情。今天必须完成的工作没做完，只好拖到明天——如此反复，不经意间压力就累积了下来。如果总是保持这种状态，人就会变得身心俱疲。尽可能不要把事情积攒下来，这一点很重要。请明确划分每一天的界线，今天就是今天，明天就是明天，这样才能在日常生活中轻松自由、如鱼得水。

禅学有言："一日不作，一日不食。"乍一看，这句话的意思好像是在说"不劳动不得食"，其实不然，它并不是一句以命令口吻说出的话，而是在说人们需要通过劳动获得生活所需的粮食，不工作的话，就没有食物。因此人们为了生存，不管什么工作都必须拼命完成才可以。即，对于人类来说，工作至关重要。

那么为什么要特意在"不作不食"一词前加上"一日"呢？这正是这句话的精髓之所在。每天努力完成当天的工作，然后得到那天的饭食，第二天也同样，做当天的工作，得到当天的食物。一天绝不做两三天的工作，也不取超过一天分量的食物，即工作不拖沓，饭也不多吃。禅宗认为，对于人来讲，每一天都如此勤勉地度过，才是最健康的。当然，在日常工作中，难免会有积攒拖延的时候，而且无法在一天内完成的工作量也会有相应指标。在这种时刻，转换心境很是重要。"今天"这一天结束了，没做完的工作不管再怎么琢磨也徒劳无功，既然如此，倒不如放松心情，迎接明天。要记住，压力本身不会自动累积，累积压力的是你自己。

成为人上人不应是努力的唯一目的

只要身处公司这一组织中,想要升迁是人之常情。想当课长、部长,乃至董事,向着这一目标努力争取不是坏事,但这终究不过是努力工作后获得的成绩,我觉得成为人上人不应是努力的唯一目的。

有些人为了升迁,对上司无休止地阿谀奉承、畏畏缩缩,生怕得罪老板——这种样子好看吗?可以想见,这种人一旦当上了领导,肯定会对部下态度蛮横,颐指气使。他们对手下的人发威,一副牛气冲天、了不起的样子,丝毫觉察不出周围人对他们的厌弃,还一厢情愿地认为自己是公司的支柱,如此不自量力,真是悲哀啊。

其实在佛像世界里,也是尊卑有序的。在金字塔顶端的是如来佛祖。如来"乘真如之道,从因来果,而成正觉",

故其在顶点甚为合理。如来之下是菩萨，如大家耳熟能详的"观音菩萨""地藏王菩萨"等。再下面是"明王""天"等。其实菩萨们有足够的资格成佛，只要他们愿意，就可前往佛的世界，他们却留在了人间。为了普度众生，他们留了下来，正因如此，长期以来菩萨为人所敬仰。

在公司里想出人头地没什么不好，想当部长也是挺好的愿望。但不可以把这个念头当成是在公司里上班的全部意义。我认为，公司里应该有想当"菩萨"的人。他或他们不会总是围着上司转，而是时常将关切的目光转向后辈或下属，为了部下能够得心应手地工作而尽心竭力，甚至不惧与上面的人抗争到底——组织里有这样的人，组织才能更好地运转，不是吗？

单纯地与人交往，
也是一种执着

我感觉似乎有不少人误解了"与人交往"的含义。"一起去吃午饭吧！"当有人如此邀请你的时候，好像有些被强迫的感觉。听到"回去路上陪我喝一杯吧"这样的话时，怕被人说不合群而不得不参加。我们都明白，与人交往在行走社会时是多么重要的事情，但这也不过是表面上的往来罢了。不愿被人厌弃，不想变成公司里可有可无的员工，如果总是想着这种事的话，迟早会迷失自我。真正的交往，指的是具有独立精神的个体交织而成的关系网。

"常独行，常独步。"这是永嘉玄觉的韵文古诗《证道歌》中的一句。他相信不管别人怎样，自己就是自己。当世间的人变得贪得无厌，乃至被欲望支配时，我却安守清贫，行走在学佛的道路上。只要能将这一志向贯彻到底，就会遇见很多志同道合之友，"达者同游涅槃路"。

作为人类，生命是只属于自己的，因此无论是谁都会时常独行，人生的道路只能依靠自己的脚步来丈量。不管孩子多么可爱，母亲也无法代替他腹痛，双亲有双亲的路，孩子有孩子的路，彼此之间无法相互替代。但是只要拥有坚定的志向，终有一天，自己独行的路（足迹）会为众人所追随，成为大道。而此时，真正的朋友也会出现，大家合力，成就大业。

对于别人邀请你一起去喝酒这件事，虽然不用上升到抱有志向的高度，但总之就是不要害怕孤独。不去参加酒局，不会让你在公司里变得无足轻重。

当然，这并不是说让你拒绝所有的邀约，只是如果觉得那些无聊的应酬没有必要参加，就应该果断拒绝。多数情况下，完成工作需要团队合作，这时绝对不能打乱团队的工作节奏。但是，一旦离开了工作，你又会重新回到个体独立的状态，这一点请牢记。单纯地与人交往，也是一种执着。

用人类自己制定的等级衡量人，是多么浅薄无知

中国唐代，有一位叫作盘山的和尚。有一次，他在肉铺旁，正好看到有位客人来买肉。只见那位客人对老板说"给我拿最好的肉"，老板回答他"我们店里没有不好的肉，都是好肉"。听到这句话，盘山和尚领悟到了一个非常重要的道理——将肉分为好肉和不好的肉，不过是人类自己想当然确立的等级而已。牛肉比猪肉值钱，野猪肉没有家猪肉好，这些标准也都不过是人自己制定的而已。不管什么肉，都取自生命，生命没有等级之分，没有贵贱之别。盘山和尚认为，对于人来说，这是最为重要的道理。

前往寺院参拜的人，被称为善男信女。所有来到寺院的人，人人平等，都是善人。在寺院里，任何人都不会因

等级贫富之差，或学历高低不同等因素影响而待遇不同，只会被当作"一个人"来接待，仅此而已。不是用人类自己制定的序列、等级等尺度标准来衡量，而是用天授之命为尺度标准进行测评，且在这一尺度中，是不存在等级的。

在公司里社长最厉害，部长比课长等级高，比自己级别高的人讲的话，就算多少有些不合适的地方，也必须照做——你是不是认为这是理所应当的呢？其实不然，甚至可谓大错特错。社长、部长之类，在公司里都不过是一种职务罢了。当然，能当部长的人，在工作能力方面肯定有其过人之处，切记对此一定要承认并尊重。但不管怎样，都不能说因为他是部长，他就是上等人。只要离开了公司这一工作环境，就应该与其保持平等的人际关系，实际上这才是理所应当的。

有的人一旦取得了较高的职位，就变得不可一世，仿佛感觉自己是上等人一般。每当看到这种人，我就能体察到人类的浅薄无知。

如果不能总揽全局，
结果就是什么都搞不清楚

请回忆一下工作中遇到阻碍的时候，明明已经付出了很大的努力，但眼前的问题还是无法解决。总在一处纠结，绕来绕去，此时我们的视野往往会变得狭窄。

每一项工作都包含了诸多要素。在现实中，想把所有要素都处理好是非常困难的，而且多数情况下，也用不着全部解决。假设完美地完成一项工作必须处理好一百个要素，那么一般处理八十个左右，工作就可以顺利完成了。而你觉得无法前行、受阻于此时，通常是因为视线无法从另外二十个要素上转移开来。因为将要素全部处理完毕十分困难，并且人经常被那些没有必要处理的问题束缚，所以容易仅关注局部，忘记抓住整体。这时，请试着将目光从眼前的事情上移开，再次从整体的角度考察该项工作。

印度有一个著名的寓言故事，叫作"群盲摸象"。"群盲"既指眼睛看不到的人，在佛教中亦有"心之眼不能睁开"之意。

这个故事是这样的，国王让人将一头大象带到一间没有任何光亮的房间里，然后对部下下令，让他们调查在屋里的是怎样一种动物。部下们依次进入房间，触摸大象的身体，之后向国王报告屋里动物的情况。摸到象腿的人说"是一个像粗树干一样的动物"，摸到尾巴的人说"是一条像细鞭子一样的动物"，摸到腹部的人说"是一头像墙一样的动物"，而摸到耳朵的人则说"是一个像团扇一样的动物"。这些说法，每个都没错，可以说都是正确答案，但人们肯定无法通过他们的描述，知道屋里的动物是大象。这则寓言告诉我们，如果不能总揽全局，结果就是什么都搞不清楚。

总将视线集中在成功上，会丧失重要的东西

在生活中，我们总有在不经意间将事物放在对立面的倾向，好的坏的、美的丑的、富饶的贫瘠的，还有成功的失败的。不光在对待事物上一定要分清黑白，在处理人际关系方面也是，合或不合、敌人或朋友，必须彻底明确才肯罢休。并且在做出选择之后，就会执着于所选的那方。在佛学世界中，这种思考方式被称为"妄想"。

在工作中，它的表现形式就是执着于结果，成功或失败、获得了利益或出现了赤字。虽然不能无视结果，但也不能单凭盈利或亏损来判断成败。总将视线集中在盈利或成功上的话，你会丧失一些重要的东西。

某年，青森县的苹果种植户因台风袭来，遭受了巨大

的损失，精心培育的苹果基本都被台风刮落了。当多数农家束手无策，认定今年苹果"彻底卖不掉，收成全没了"的时候，有一户果农不是这么想的。他在检查果树受灾情况时突然想到："明明台风如此来势汹汹，但树上居然还有没被吹掉的苹果。这些果子这么坚强，不如给它们起个'考试不挂科苹果'的名字卖掉吧。"起了这个名字后，他的苹果销售一空，于是别家果农也用这个办法卖苹果，总算将损失降到了最低。

　　通过这个故事，我们可以看到，人可分为两种类型。一种是遇到挫折就会很悲观，而另一种则是笑对人生。苹果掉了就没救了，台风来了就完了，这正是非此即彼的思考方式。我们不可这样，应该更灵活地应对碰到的事情，不能只考虑"是好是坏"，而要拓展思路，思考"怎样才能转危为安"。

在勤奋劳作的人身后，定会留下清晰的足迹

俗语有云"鱼过水浑"，如其字面意思，鱼在水中游，肯定会把水搅浑，即人走过的地方，必定会留下足迹，同时也会因此形成道路——禅学里相关的教谕则是，已经发生或做过的事情都无法掩藏。

商务人士总是会被比作齿轮，一个普通职员在公司里并不显眼，通常作为公司的一个齿轮勤恳劳动。出现在经济高度成长期的这句话不知为何常用来表现商务人士的悲哀，即不管怎么努力，他们也不过是公司的一个齿轮。但是，请你换个角度思考一下，的确，想要完成一个项目，必须集合无数人的力量，而且其中也存在严格的分工。有在前面领军开路的，也有从旁边辅助的，更有很多人在不

起眼的岗位上默默支持。虽然有着不同的分工,却没有"这个工作最重要,那个不重要"的说法。如果所有齿轮不能协同运作,项目就绝无成功的可能。

有的人看不起自己的工作,总会有"反正我做的事也不是什么重要的工作"的想法。如果这种想法发自真心,那这些人的职业生涯也太寂寥了。进一步讲,要是还带着这一想法工作,那恐怕他们什么足迹都留不下了。不论什么工作,在勤奋劳作的人身后,定然会留下清晰的足迹,而之后也会有追随他们的脚步的后辈出现,这是多么值得高兴的事啊。

而做坏事同样会留下蛛丝马迹,比如因为觉得不会有人发现就侵吞公款、公器私用等。就算没有被公司发现,做坏事的人也会做贼心虚、始终忐忑的,这如同在自己的职业道路上留下了污点一般。希望你可以不时回望一下自己走过的路,它是一条整洁的路呢,还是堆满了垃圾?

思考怎样将彼此的观点融合，才是工作的精髓

有一天，泽庵禅师和宗矩正相谈甚欢之时，说到了"奥义是什么"的话题。泽庵禅师问道："现在正好在下雨，你有没有掌握在雨中也不被淋湿的秘诀呢？"宗矩答曰："有。"说着，他跳出房间，来到庭院，纵情挥刀砍杀。宗矩不愧为一代剑侠，一直站在雨中却分毫未湿，不过袖口处还是留下了一点被雨水打湿的痕迹。

在一旁观看的泽庵禅师说道："你的绝技只有这种程度吗？"宗矩很是不服，挑衅道："那让我见识一下和尚你的绝招吧！"泽庵禅师微微颔首，走进庭院，之后就静立雨中。他也不避雨，只是这样一直站着。不一会儿，禅师就浑身湿透。看着如此身姿，宗矩彻底被泽庵禅师所展

示的奥义折服。宗矩的绝技仅限于跟雨进行不输给它的对战,而泽庵禅师所展现的则是自身与雨融为一体的奥义。宗矩由此参悟到了禅之心与剑之心的相同相通,提出了"剑禅一如"的观点。

大家在工作时也常会遇到与他人意见、想法相悖的情况。在这种时候,多数人会选择跟对方争论,一味主张自己观点的正确性,并试图限制对方陈述意见,也就是说,只看到了胜负。但是,在工作中,真正的胜负又是什么呢?仅仅是将自己的想法强加于人吗?不是这样的吧。思考怎样才能将彼此的观点相融合,才是工作的精髓。

训导也要分工合作，
不能一人承担

年轻职员失败时，及时训斥及教导他是前辈或上司的责任，应该明确指出他的错误，将他引向正确方向。这一过程的不断重复，正是公司发展的必经之路。但是看看现在的年轻人，似乎并不习惯被训斥教导。现代社会中，家长、老师对待小孩都过于谨慎，尽量避免严厉呵斥。这样一来，从未被斥责过的新人进入公司后，一旦受到严厉呵斥，就容易因受打击而萎靡或开始逆反。不仅如此，甚至还有因此而辞职的年轻人。

在这种情况下，训导也要分工合作了，不应让一个人承担这件事，而是要团队协作。其中要有客观指出他哪里不对的人，要有为了防止他再次犯同样的错误而严厉训斥他的人，还要有安抚他挨骂之后消沉情绪的人。现在看来，只能用这种协作的方式培养新人了。虽然的确很麻烦，但仔细想想你会发现，训导人这件事并没有什么唯一正确的方法，它没有定式，要点就是为对方着想，能达到促进对方改进这一目的就好。

《临济录》里有这样的话语："一人行棒，一人行喝，阿那个亲？"意思是，师问乐普："为了去除坐禅之人心中的迷茫，一人棒打，一人呵斥，哪个好？"乐普答："没有好坏，全都正确。"对于这个答案，师父大为称赞。

也就是说，这世上并不存在绝对正确或绝对错误的事。在人际关系中也是一样，人们必须承认彼此脾性不同这一点。特别是训导这种事尤为棘手，总之棒打也好，呵斥也好，甚至什么都不做也可以。就是这个道理了。

与其教授一群半途而废者，不如只教几个人

当人们在公司担任管理职位或作为项目组负责人去完成项目时，多数人都会试图让部下跟上自己的步伐，把自己的思考方式、推进工作的方法传达给他们，努力让团队里的所有人都按照自己的方式工作。这种想法是很好的，但基本无法实现，而拼命去做无法实现的事情，只会给自己增加精神负担。

举个例子，假如你有十个部下，合理的判断是这样的，其中只有两个人会尊敬你，服从且遵照你的指示行事。与此相反，会有另外两个人完全不接受你的领导，不管你对他们说什么都不会有任何效果。对于这类人，让他们更换部门对彼此都好。剩下的六个人就属于易动摇的中间派了，

当你的团队工作顺畅的时候，他们会跟随你，而遇到阻碍时，他们就会离开。公司里大概有六成的人都是这种类型。

为了引领团队走向成功，你一定要重视始终追随你的那两个人，并将自己的意志彻底传达给他们。虽说有些自私，但为了能让自己的精神流传下去，也有必要这么做。道元禅师从宋起程回国之时，师父如净禅师如此告诫他："接得一个半个，勿令吾宗致断。"这一教诲至今仍在禅学中流传。一个半个意指人数极少。为了培养后继者，就算只有一个人也没关系，一定要把佛学所有的精髓传授给他。不要想着要点化很多人，这是十分困难的。与其教授一群半途而废者，不如只将真经传给少数有缘人，这样才能使教义永传于世。虽然有些冷酷无情，但只有用这种方式才能令禅的精神绵延后代。

不能因为暂时没用就丢掉，应该耐心等待

大家都听说过"夏炉冬扇"这一词语吧，如其字面意思"夏日的炉子和冬天的扇子"，因为夏天很热的时候用不着炉子，冬天寒冷不用扇子，所以意指没用的东西。与此类似的词语还有"昼行灯"，白天天色很亮，不用开灯，代指没用的东西或人。

但是它们的含义原本并不是指没用的、不需要的东西。其中暗含着这样的意思：虽然现在可能没用，但总有一天会派上用场。不能因为现在没用就马上丢掉，而应该耐心等待，直到有用的那一天。这两个词非常含蓄地表达了当对自己失去信心时，一定要给自己找到指明方向的路标的意思。

工作中常有这样的情况出现，无论怎样努力奋斗，总是获得不了成果。企业是看中结果的地方，员工没有成果就会影响到个人评价，有时甚至会因此而被开除。此时变得焦虑是很正常的。"你做的都是无用功！""我需要立竿见影！"人在这种压力之下，会渐渐丧失信心。但是，请仔细观察一下公司里面的情况，你会发现真的只有非常少的几个人能够取得良好的成果，绝大多数人都在做着如同白昼点灯一样的无用功，也有直接被称为"昼行灯职员"，在公司里起不到什么作用，甚至连存在感都很低的员工。有些公司会选择解雇他们，但这样真的好吗？对此我怀有疑问。

虽然暂时没有成效，但只要坚持不懈地努力，总有取得成果的那一天。而当公司陷入困境之时，令人出乎意料的是，能够不抛弃不放弃坚持到底的，往往是那些"昼行灯职员"。他们没有夺目的光芒，却从来不惜气力，奋发努力，蔑视这样的人是不对的。白日里的灯确实没用，但如果黑夜里没有了灯，那就真的要陷入无尽的黑暗中了。

如果打算辞职，请再试着努力三个月

最近有不少人选择跳槽，特别是有很多年轻人，好不容易找到的工作，随随便便就辞了，他们觉得"没有必要一直在一家公司工作，不合适的话，就要赶紧换掉"。换工作本身并不是什么坏事，但还是不要把它想得太过简单，尤其是因一些负面情绪引起的跳槽想法，如"这个上司太讨厌了""我跟这家公司的体制不合""应该有更能让我大展拳脚的公司"等，这时还是需要慎重考虑。人人都希望找到一家符合自己理想的公司，但这一愿望真的能实现吗？

前面提到过的《正法眼藏》一书中有"黄金大地"的说法，意思是，有人在探寻新天地的过程中认为"这里不行就去那里吧"，但实际上最重要的是心之所在。在目前所处的地方没有尽全力的话，那么不管怎么做都不会有成果，而且去到别的地方也一样。现在自己所在的场所才是自己的地方，就算找寻到别的地方，也无法找到能够消解烦恼的场所。总之，不要逃避眼前的痛苦，而是要接受并静心面对。只有这样，自己所在的地方才能如黄金般耀眼。

四十年如一日地在同一家公司工作并迎来退休的人也是一样，他们会同样满意地评价自己的职场人生。他们热爱自己长期服务的公司，当然会有厌倦的时候，也会生气地怒道"这种公司，我要辞职"，但就算这样，他们也还是继续坚持努力工作，没有简单地逃避，而是勇于面对现实中的痛苦。正因如此，在他们的眼中，自己所在的公司就如同黄金般闪耀。

我这样说，并不是让大家委曲求全、一味忍耐，只是希望如果你打算辞职，可否以此时为起点，再坚持努力三个月。如果还是不行的话，那就辞职吧，人生并不是非要停留在一处。但希望你能记住一点，哪里都没有现成的"黄金大地"，它是需要通过自己的双手创造的。

工作就是人生中的修行

有一种说法，叫作"某某三昧"，我们常常会听到"垂钓三昧""高尔夫三昧"这样的词组，它们通常都不是褒义词，常用于形容沉迷玩乐、迷失自我的状态。但是在禅学中，三昧没有这种含义，而是指在修行过程中摒除杂念、将精神集中于一点的状态。全身心地集中于一件事上，同时又没有丧失自我，心无旁骛、自由自在地行动，这才是真正意义上的三昧。

千利休如此论述茶道极意："生火、烧水、点茶，别无他样。"他可谓在规矩做法多种多样的茶道世界中，仅以简单三昧就能云淡风轻地享受茶之趣味的人了吧。不过，虽然语句的意思容易理解，但要真正达到三昧的境地却不是那么容易的事情。

譬如在公司工作时，你能达成工作三昧吗？有没有本想集中精力工作，却不知何时开始琢磨别的事情的时候？"马上就要午休了，今天中午吃什么啊？""明天休息，要不要去钓个鱼呀？"这样的念头一旦突然出现，在这一瞬间，集中在工作上的精力就涣散了。"稍微想点儿别的事情也没什么关系吧。""人嘛，都会这样。"你可能会这么想，但这正是在积累对自己的放纵。要是正在坐禅，此时就应被棒喝。

工作就是人生中的修行，这与禅僧打扫寺院一样，通过这一修行会获得喜悦，会领略到迄今为止从未曾见过的风景。人生中也有着这样的积累。由此一来，"要愉快地工作才好"的想法会变成主流，这不是坏事。但是，不要为了快乐而忘记秉承工作三昧的真意。

不管怎样也无法喜欢的人，将他放在"喜欢"和"讨厌"的中间

在来自公司的压力中，最大的莫过于麻烦的人际关系了，它所带来的烦恼恐怕能占到九成以上。只要能把人际关系处理好，工作就会变得愉快很多；能保持快乐的心情工作，工作起来自然顺畅。不过虽说道理明白，但人际关系处理起来也不是那么容易的，这是由于人的好恶无法用常理推测。

那么决定好恶的标准究竟是什么呢？人们看电视时，会对在电视里出现的歌手、演员有着自己的喜好。明明不知道那个人真实的样子，却可以仅凭印象和感觉而讨厌他。但也有这种情况，与之前讨厌的歌手实际见面后，就变成了他的歌迷。反之亦然，也有真的见到喜欢的明星后，就不再喜欢他的事例。像这种好恶的标准，多数是自己凭感

觉确定的。

在公司里，也有让你讨厌的人吧，你为什么会讨厌那个人呢？请思考一下理由。是讨厌他的说话方式还是讨厌他的言行举止，是讨厌他的性格还是面容？恐怕想来想去只能想出"不知为何就是讨厌他"这样的理由吧。很明显这些理由都是由开始时先入为主的偏见而来。被人讨厌也一样，并不是日积月累形成的。

请那些你讨厌的人、应付不来的人去喝一杯怎样？肯定能看到他们平时在公司里看不到的另一面。"啊，这个人在表明立场时的说话方式是这样的啊。""口气总是那么强硬，实际上却是个胆小的人呢。"只要知道了这些，从明天起，你就会变得很放松。的确，消除对别人的厌恶之感，是为了自己好。

禅学里有"悟无好恶"的说法，意思是不要被任何事物束缚，坦然接受它初始的样子，好恶偏见等感觉就会消失了。但是，也有那种不管怎样也无法喜欢的人，这样的人请将他放在"喜欢"和"讨厌"的中间，能做到这点的话，人际关系上的压力就会一下子减轻许多。

两忘：
停止用二分法的思维方式思考问题

现今社会，有一种动辄就要分清是非黑白的倾向，人们不允许事情含糊不清，一定要有定论。可日本人原本的思维方式是暧昧的，并且认为这是一种美，不选黑也不选白，而是探寻黑白之间的灰色的美丽。这样做可以很好地避免人际关系中的矛盾冲突。但随着欧美文化的不断渗透，日本人变得不能容忍暧昧，于是社会也由此开始令人窒息了。

禅学有言"两忘"，指的是为了得到心灵的静寂，而要做到忘记两方。人类的语言中存在着表现对立事物的词语，如生死、苦乐。生存与死亡、痛苦与快乐，或者贫瘠与富饶，人世间有很多这样两相对立的概念，而停止用这种二分法的思维方式思考问题就叫作"两忘"。如果平时总是考虑生死的问题,那心里就会一直存有害怕不安的情绪。今天虽然还好好活着,但会胡思乱想"明天死了该怎么办",并因此而闷闷不乐。现在身体很健康,但一直担心"万一生病了该怎么办"。目前工作还算顺利,可"要是失业了,变成穷人该怎么办"。为了这些事情而烦恼,实在不应该。要只看到今天的自己,将目光仅放在当下,这样一来,心境就可以变得平和,也容易看到事物的本质。

而且分清黑白本来就不过是人们的期望而已。举个例子,你有一个从心底爱着的人,这时你当然会很介意他是否也同样爱着你,如果你去问他"请明确告诉我,你爱不爱我",这显然是一道是非选择题,假如你得到的答复是"不,我不爱你",你就会满意吗?一定要分清黑白你才高兴吗?我认为,只要你知道现在你正爱着这个人,并且你很珍视这份感情,就足够了。

在接受公司安排的同时，自己找寻老师

刚进公司的时候，你会觉得公司里的前辈都很耀眼，他们做起工作来干净利落，跟高层客户谈判也能不卑不亢，能够很快适应课长的职位，而且知识面广，什么都知道。看到那样的前辈，有些人会自惭形秽，觉得"自己无论如何也无法达到那样的层次""我要花上好多年才能做到如此出众啊，不，就算到了前辈那个岁数，恐怕也无法做到"。对此，其实完全不用担心。没有谁一开始就能出色地完成工作，谁都经历过失败。大家都是在不断的失败、上司的斥责中成长起来的，工作也是在遇到了各种烦恼之后才逐步顺畅的。

"佛、祖本皆凡人。"无论多伟大的人，最初都只是

个普通人。

这是道元禅师的弟子孤云怀奘所著录的禅学语录《正法眼藏随闻记》中的一句话。"佛祖、祖师皆曾为凡人。他们身为凡人之时定然有过恶意劣行，也曾愚钝无知。但只要改正错误，寻求良师指导，遵从佛祖教诲，潜心修行，就会成佛。"

我认为其中"寻求良师"这一点十分重要。在职场的环境中，就是在公司里寻找一位可为师的前辈或上司。自己找到一位可敬的师长，虚心向他求教。不光学习如何推进工作，还要仔细观察他的行为举止，从这里得到经验、学到东西。换言之，就是对他进行模仿。当然，这世上并无完人，这位师长也肯定有他的缺点，而你应该做的是学习他的优点，忽略他的缺点，相信并追随着他。

人与人之间存在投缘与否的问题，这不是单纯的好恶，而是一种不可言说的感觉。我们应该接受这一事实，寻找一位气场相合的老师。虽然在公司里不能自行选择部门，也不能自己任选上司，但我们可以在接受公司安排的同时，自己找寻老师，这才是能够令自己迅速成长的捷径。

不管处在怎样的环境，
都要竭尽全力

当今社会，对一份工作从一而终的终身雇佣制正在逐步消失。入职之后发现所做的工作跟自己想象中的不同，或者觉察出其实自己想做的是别的工作，由此而换工作的人数开始有所增加。这并不是坏事，好不容易在世上走一遭，想要过充实的生活，拥有一份能体现价值的工作是人之常情。但仔细观察可以发现，换工作之后有可能出现两种情况，一种是走向成功，而另一种则是失败受挫。为什么会出现这种差异呢？

转职之后有人工资会涨，有人工资会降。也会有好不容易换了工作，结果这家公司却破产了的情况出现。外在因素当然存在，但最重要的还是在于人心。是成功还是失败取决于人自身的想法。也就是说成功的人会认为转职就是一种成功,而失败的人会后悔为什么要换工作,觉得还是前一家公司好,如果没换工作该有多好。而当人产生这种想法的瞬间,他就注定"失败"了。人是会随着环境的变化而变化的,去到不同的环境能够发挥不同的才能,或者说可以发现一个全新的自己。不管怎样的环境,处在其中都要竭尽全力,这是禅学的教诲。

转职的成功与失败并不在于工资涨跌或者职位升降,而是在自己的心。人们在对事物做出判断时,总会被过去的经验及损益束缚,以此为基础做出的决断并不正确,这就像无法往装满水的杯子里再注水一样。所以首先要做的是,将心放空,思考对于现在的自己来说最重要的是什么。在做出"就是这个!"这一决定之后,就要立即执行。这种促进转换的力量在佛教里被称为"机",换言之就是"机会"。而能否想方设法抓住这个"机",正是转换方向成功与否的关键了。

在休息平台略微休整，绝对不是浪费时间

你在工作中时常有被时间追着跑的感觉吧，在公司里工作接踵而至，好不容易完成一项，刚想喘一口气，下一项工作又立即出现在眼前。连体味成就感和褒奖自己一下的时间都没有，只有不断袭来的工作。长期持续这种状态的话，迟早会产生精神压力。

人会产生被时间追逐的感觉，实际上是被时间操控的缘故。为了防止这种情况的出现，我们应该时刻牢记自己才是主动使用时间的人。不是让我做，而是我要做。一定要具有主人翁意识。

为了做到这一点，就需要自我表扬。在某项工作完成之后，下一项工作开始之前，稍微慰劳一下自己。比如回

家的路上去买点喜欢的东西，或者与同事相约一起去喝一杯庆功酒——为自己创造一点休憩时间。

一口气爬上一段很长的阶梯是很累的，所以在阶梯中间会设有一些休息平台，这样人们才可以劳逸结合地登上高处。可是在现代社会中，休息平台渐渐消失了，人们必须不停地向上攀登才行。这样的社会并不健全，在休息平台略微休整绝对不是浪费时间。

"使得十二时"，语出《赵州录》，这里的十二时指的是十二个时辰，即二十四小时。有一次，弟子向禅师请教："十二时中，如何用心？"禅师曰："汝被十二时辰使，老僧使得十二时。你问的是哪种？"这是师父在向弟子传授应该以何种态度对待时间。

第四章

单纯地与人交往

能够使你心灵丰盈充实的朋友，身份年纪不重要

进行四国八十八所参拜巡游的游方僧人，就算只身上路，也会在随身携带的伞上写下"同行二人"的字样。其中一人是自己，另一人是弘法大师。相信佛祖的存在，并学习佛法教义，把大师作为手牵手一起巡游的同伴，这就是将他称为"同行"或"同朋"的原因。

漫漫人生路上，朋友分外重要。有走在同一条路上的朋友，有相互扶持、勉励的朋友，还有时常对你进行劝诫、提出忠告的朋友，正因为有了这些朋友，你才能成功跨过人生中的道道坎坷。相互能够成为人生"同朋"的朋友之间，年龄、身份有差异都不是问题，而且我反倒觉得有差异才更好。最近社会上有这种倾向，大家都喜欢跟与自己差不多同一辈的人打交道。在公司里也是，常和同期进公

司的人出去喝酒,却不愿跟上司或后辈有过多接触。的确,跟一起进公司的人相处会比较轻松,不会觉得拘谨,但我觉得这样做很是浪费。

我修行的时候,有很多背景各不相同的同伴,既有刚刚高中毕业的十八岁少年,也有没等到退休就来寺院里修行的人。不过就算年龄有长有幼,修行的内容却完全一样。从擦地板到坐禅,谁都不会因为年长而受到优待,但年轻人都会主动照顾体力不济的五十四岁大叔。正是由于存在年龄差异,才有这样的关心,同时,我们也从这位人生前辈身上学到了很多。

曾经一起经历过艰苦修行的同伴,对于我而言是非常重要的朋友。虽然不常见面,但他们一直在我心中。当我独自诵经时,他们仿佛正在我身边,就像"同行二人"一样。能够使你心灵丰盈充实的朋友,他们多大年纪完全不重要。

爱自己的人，
也同样会对他人抱有慈悲之心

　　所有人都同时具有优点和缺点，没有只有优点的人，同样也没有只有缺点的人。大家身上的优缺点基本各占百分之五十。工作时，有的人会用比别人更多的时间，不过虽然用时更长，但他做事细致认真，不会出错。也有做事雷厉风行，但粗枝大叶的人。那么这两种人谁更优秀呢？答案是，两者差不多。

　　与人打交道时，养成尽可能看到对方优点的习惯非常重要。的确，短处啊、缺点啊之类的会十分显眼，而且通常人们就算注意不到自己的缺点，也能看到别人的缺点，这就是人吧。不过总是看到别人的缺点的话，只会给自己增加压力，指出之后能立即改正也就罢了，但缺点这种东西往往不是那么容易被克服的。这种时候，就不要强行让人改正缺点了，试着发掘出隐藏在他缺点下面的优点吧，这是对人的尊重和友爱。从这层意义上讲，爱自己的人，也同样会对他人抱有慈悲之心。而看不到对方长处的人，也就看不到自己的长处了。也就是说，不要想着改变对方，而是要改变自己的视角。

中国古代有一位叫作洞山良价的禅僧，有一天一个僧侣向他请教："在冬天和夏天，我们应该去哪里躲寒避暑？"禅师回答："去到不冷不热的地方如何？"僧侣追问道："那是什么地方？"禅师答道："热时就让它热到底，冷时尽管它冷到头，那就是不冷不热的地方了。"

这一答复很是深奥。事物通常具有两面性，所以不要试图改变它，而是要试着从不同的角度审视——这正是生活的智慧。

毫无杂念地与人相处，肯定能让压力减半

良宽禅师诗中有言："花无心招蝶，蝶无心寻花。"这里的无心不是说没有心，而是指不用谋略，抛弃先入为主的偏见，心无杂念、纯真坦率的意思。日常人际关系中的烦恼无穷无尽，别说在职场中了，与朋友家人的关系也常常会出现麻烦。只要在社会上生存，就很难完全从这些烦恼中解脱。但至少我们可以试着减轻它，不要让人际关系中的烦恼变成心病的缘起。

在与他人建立关系时，会出现两种情况：合与不合。有与之相处很愉快的人，同样也有应付不来的人，这是客观存在的事实。既然这样的话，那不要跟难相处的人接触不就好了？如果这种方法可行，那自然是好的，但现实中却很难实现，因为每天都会在公司看到他，无法逃避。有

人会因这种压力而患上心理疾病吧。

那么，"合与不合"究竟是怎样一种情形呢？意见不同、思维方式不同，要是这样，互相交流一下彼此的想法就应该可以取得共识，就算意见无法统一，也应该能够相互理解。所谓不合，实际上并没有什么具体的原因，不过是人们自己这么认为而已。"我跟这类人不合""那个人肯定不好相处"，这种想法的出现，难道不是因为带着偏见与人接触而造成的吗？

在现代社会，人群中存在这样的倾向，刚一见面就想将对方定性分类。我是这种类型的人，而那人跟我不是一类，所以我们俩肯定不合。这种跟着感觉走的分类如果只是当成玩笑说说，那也罢了，要是把它当了真，那就有些不对了。主观臆断不仅会使你的社交圈变窄，更会给你带来不必要的压力。请从明天开始，将这种莫名其妙的想法抛却，自然随性地面对他人。毫无杂念地与人相处，肯定能让压力减半，就像良宽禅师所言的蝶与花那样，无心自然。

"落花随流水"，这是款待的极致

"款待佳客"，这是多么优美的词语啊！即使没有豪华晚宴、夸张做派，也能使客人放松身心，乐在其中。正是这份款待之心，造就了日本人诚恳沉稳的人际关系。可是，这个词一旦变成了"接待贵客"，就让人觉得它的优美尽失了。接待的一方，为了获取各种利益，想方设法取悦客人，带客人去高级饭店吃饭，送客人去打高尔夫球。而被招待的一方则仿佛认为这是理所应当，他们肆意提出各种无理要求，对接待方态度蛮横，只考虑一己之私——他们本人可能并没有意识到，但旁观者看到如此丑态，只会觉得他们浅薄无知。

"落花随流水"，在禅的世界里，这是款待的极致。花瓣随风飞舞，落入清流之中，随着流水不知去向何方，而清流只是将飘落的花瓣带走。花并非为被水带走而落，河川亦非为送走花瓣而流。花与河川之间并无任何承诺，双方只是自然而然地认真完成自己的使命。所以，此情此景才如此美妙。我希望款待者与被款待者之间也拥有如此美好的关系，而落花与流水的关系正是款待的极致。

如今的日本企业内部，有缩减无谓的接待费的趋势，我认为这是绝佳的做法。真正的接待是什么，怎样做才算是用心款待？现在正是重新审视这些问题的好时机。是时候纠正带客人去高级饭店吃饭，并找女招待陪酒的这种恶习了。为了人与社会向前发展而付出的勤恳劳作，需用美好心灵来面对。也因如此，希望大家能够认真思考如何实行"优雅款待"的问题。

能够反躬自省的人，
才有资格成为领导者

　　这是六祖慧能重返故乡广州，前往法性寺拜访时的故事。寺庙院子里有两个僧人，他们边看着为了知会大家寺院里正在举行说法活动而悬挂的旗子（幡旗），边争得面红耳赤。此时的旗子被风吹得猎猎作响。

　　其中一个僧人说："不是幡动，是风动。"另一个僧人却说："不对，是幡动，不是风动。"是风动还是幡动，两人各持己见，互不相让。此时，从这里路过的慧能留下一句"非风非幡，仁者心动"之后，飘然而去。慧能想说的是："动的不是风也不是幡，而是你们的心。"风吹旗飘，如此简单的事物，人们对它的看法也会因人而异，由此可见，每个人看待事物的角度是多么不同。总而言之，这个故事告诉我们，对事物的认识并没有"唯一的标准答案"，重要的是，必须根据当时情况的不同，通畅无碍地进行判断。

在工作中也是一样，每个人对事物的认识、思维方式均各不相同，视角、观点都会有所分歧，在这种情况下，通常地位高的人会拥有最终决定权。为了推进工作，必须做出决定，但也不能就此认为这一决定无可撼动。有人提出反对意见时，更要认真倾听不同的声音。不能因为自己是领导者就武断决定，要认真思考部下提出的想法。请不要无视与自己不同的价值观，让我们全面接收并再次叩问自己的心灵。动的不是眼前的东西，而是自己的心吧。只有能够反躬自省的人，才有资格成为领导者。

闻无声之声，
体察对方无法言说的情绪

禅语有云"只手音声"，"只手"指的是单手。原本是要双手相击才能发出声音的，这句话却是让人不要只听到拍手的声音，而是要听到"只手"即单手发出的声音。倾听本应听不到的声音，从这里可以发现禅之本质。

这句话的另一种表达方式是"闻无声之声"。努力听取那些部下不会当面说的话，或者那些通常难以知晓的来自客户的心声，比任何事情都重要。现代社会中，大家基本都仅凭听到的话行事，只对对方说过的话做出反应，由此就会引发言语上的冲突。"说了""没说"，争吵不休，令对方伤心。反之，如果什么都不说的话，那就等同于不存在。"他什么都没说，应该是满意的吧。""什么都不说的人，就随他去吧。"这种过于简单的想法充斥在人群中。

语言不可能表现出人心之全部。越是在头脑中认真思考、在心中深思熟虑的人，就越不肯轻易发言。语言在人与人之间的交流中不可或缺，但如果言语交流仅停留在表面，那就无法建立深层次的关系了。相互体察对方无法言说的情绪，并用心回应，才可建立起温厚的关系。这种交流虽然可能像禅语答问一样玄妙，但日本人本来就对此甚为擅长，譬如具有"以目传言""心领神会"之类的本领。但目前的主流趋势是"暧昧的方式令人无法理解，应该直接说出是或否"，同时摒弃一切语言之外的交流方式。这难道不是剥夺了日本人的优秀特质吗？侧耳倾听"无法听到的声音""无声之声"，刻不容缓。

对于上了年纪的老人，
应倍加尊敬

在日本，随着老龄化进程的推进，已经来到了每四人中就有一位老年人的时代。虽然被称为老年人，但多数六十多岁的人都还精神矍铄。在平均寿命日益增长的现代社会，还能把六十岁称作老年吗？但企业退休年龄不受此影响，多数企业设定的退休年龄是六十或六十五岁。尽管目前再就业人数有所增加，但多数人还是不得不从社会中退休。

不仅如此，我听说很多人到了五十五岁左右就被迫赋闲。这恐怕是因为到了这个年纪，已能看清职业生涯的前景了吧。人过五十，将来能否当上董事已毫无悬念。董事候选人意气风发、前途无量，而竞争失败者就只能默默地等着退休了。周围的年轻职员也对其不理不睬，他们只能寂寥地呆坐在椅子上。而且对于日新月异的计算机技术他们也知之甚少，于是不知不觉中就被当作多余的人了。

我觉得这种社会倾向十分危险。禅语有云"闲古锥"，指的是历经长久岁月，尖端已然磨圆，无法再继续使用的锥子。尖端磨圆的锥子已经不能再作为工具使用了，但因经年累月不断开凿洞穴而变圆的锥子，却具有崭新锐利的锥子所不具备的独特魅力。这正是常年积累而形成的成熟老练的魅力。在禅的世界里，"闲古锥"用来形容真正的修行者。虽说俗世认为这是人变圆滑了的表现，但年轻时冲劲十足的人上了年纪之后，就会变得稳重，而在这种稳重中，却蕴藏着不可思议的魅力。这是经历过岁月洗礼的人才有的魅力。对于这些人，我们不可小觑，应该倍加尊敬。另外，上岁数的人通常会不惜一切努力打磨自己的人格，他们不愿做一把虽然锐利依旧却锈迹斑斑的锥子，而是要努力成为一把具有成熟气韵的闲古锥。

生命是寄存的物品，一定要珍惜

你是不是笃定地认为自己的生命理所当然是自己的东西呢？但我想告诉你，你的生命其实并非仅仅是你自己的东西。它是继承了诸多先祖的血脉，代代相传而来的。长久以来，双亲、祖父母，还有曾祖父母，一起孕育了你的生命，而之后它还将传承给你的后代。也就是说，所谓生命，是祖先寄存在你这里的物品，迟早有一天要归还。因为是要归还的物品，所以一定要珍惜，好好守护。我们每个人身上都承担着这一责任。

去到寺院，你可以发现那里摆放着很多种护身符，也常能听到这样的问话："哪种护身符最灵验？"实际上并不是护身符在守护着你，恰恰相反，是你保护着寺院暂存在你这里的护身符。你一直把护身符带在身边，为了保护它，你会谨言慎行，为了不让它受损，你就会安全驾驶。由此，你自己也得到了保护。这层含义，敬请牢记。

生命是寄存的物品，迟早有一天要物归原主。佛教中把生命回还之处称为"佛国净土"。代代祖先都在由佛祖守护的"佛国净土"里。在尘世中的生命终结之后，大家都会前往那里，交还生命，而在那之前一定要珍惜生命。头脑中有这样的意识，应该就不会轻易放弃生命了。

人的一生中，肯定有痛苦的时刻，也会有想放弃的念头，甚至有时觉得干脆消失算了。在这种时候，请回想一下父母、祖父母的面庞。人，绝不是孤立的个体。

比起事事争先，
不如压制欲望努力做好自己的事

　　谁都有想要获得肯定的欲望，只要在社会上，就会想要出人头地，有的人甚至不惜排挤别人。人与人之间的矛盾冲突就是这样产生的。当然，这种积极性在工作中十分必要，但与此同时也要懂得让步。人都是要靠周围其他人的帮助、支持才能前进的，要牢记这一点，懂得谦让。谦让的同时，自己再不懈努力，这样做的话，在不知不觉中，周围的人就都会跟随你前行了。即使你没有走在前面的打算，他们也会请你引领大家——所谓人与人的关系就是这样的。

　　没有实力，只是闷头向前冲的话，是不会有人跟着的。一味固执己见，只会四处树敌，终将导致自身的毁灭。

　　譬如乘坐电梯时，听到一句"您先请"，任谁都会感觉心情舒畅吧。只一句话，就会感到温暖，这就是人。反之，如果争先恐后、不肯相让地往上挤的话，又会怎样？恐怕一整天都不会有好心情了。只要双方都懂得稍稍做些让步，这个社会就会变得更加和谐。

"退一步海阔天空"，比起事事争先，不如压制欲望努力做好自己该做的事——当你做出这种姿态时，周围的人自然就会推举你当领头羊。

物我不二，
心境一体

　　人多多少少会有些执着之心，比如对自己承担的工作或所属的部门有所执念，如果自己的工作被别人抢去，就会失落、嫉恨。也有人对自己所拥有的头衔甚为贪恋，绝对不想丧失它，一旦他被降职，就会像到了世界末日般绝望。当然，人都应该对自己的工作、头衔感到骄傲、自豪。认为这份工作只有我才能做，这也是上进心的一种表现。但过于执着的话，就只剩下执念了。而这种执念只会令自己痛苦。

　　佛祖释迦牟尼为了让人们觉醒，曾开坛说法，向众人讲授"诸法无我"之理。在这森罗万象、广阔世界中，没有一个物体拥有固定实体。就算是你确信属于你的自己的身体也一样。随着年岁的增长，头顶会渐生华发，脸上也会长满皱纹，肉体也会不受你意识控制地患病、死亡。所以说，连你的肉体都不过是借来的东西，更何况财产、头衔，它们更是身外之物，生不带来，死不带去。佛祖认为执着于这种东西，完全没有意义。

那么，怎样才能消除执着心呢？禅语有云："物我不二，心境一体。""不二"指的是对一切现象应无分别，平等以对。对于工作的执着也好，对于头衔的贪恋也罢，都来源于与他人的对立。与别人比较就会产生嫉妒，东西不想被对手夺走就会出现执念，而这必将伴随着争斗。

对于这种不二的境界，在禅学里用"的"之心和"和"之心表现。"我和你"这种思维方式体现出的是对立，而如果用"我的你"来思考问题，就不会发生争执，同时可以建立起没有比较和嫉妒的良好人际关系。这时，你的心也可从执念中得到解放。

时候一到，
定会有风吹来

　　随着互联网的普及，现代社会似乎变得越来越匆忙。它在给我们的生活带来便利的同时，也使人们失去了耐心。有人在给对方发送邮件之后，过了半小时还没得到回音，就会变得焦躁不安，还要责怪对方为什么没有立即回复邮件。但是，这种"迅速"真的有必要吗？

　　在这匆忙的社会中，对他人的"等待"也开始逐渐消失。例如，公司每年都会有新人入职，接收新人的部门领导或前辈职员会对新人进行教育。他们都想让新人快些掌握工作要领，立刻就能独当一面。明明新人才进公司不到半年，却被要求不许犯一点错误。"我已经教过你怎么做了吧？怎么还是不会！"不久之后，被逼到绝境的新人只能在什么都还没有学到的情况下黯然离职——这类个案的数量正在逐步上升。再稍微给他们一点时间不行吗？荣西禅师有言："风来门自开。"这句话是说，关着的门，不用去撬它，风起之后，自然能把它吹开。工作陷入停滞时，千万不要着急，静待时机成熟即可。肯定会有风把门吹开的那一天。

新人的接受能力也有强弱之分。能很快上手自然是好的，但也不能认为上手慢的人就不行。公司里也有这类"不鸣则已，一鸣惊人"的人。每个人都有自己的工作节奏，只要他在不断努力，就应该给他充裕的时间，并默默守护。教育孩子也是一样，在他变得成熟之前，请静静等待。家长这样做的话，孩子肯定会拥有充足的自信。时候一到，定会有风吹来。

当以和蔼之容颜，
面向一切

"当以和蔼之容颜，面向一切。"这是前面提到的道元禅师的著作《正法眼藏》中《菩提萨埵四摄法》中的一句。意思是"无论怎样的场合，都要以和蔼的态度应对"，也就是说一定要温和地对待他人。

总是保持温和的态度其实是很难做到的。有时会对同事或部下发火，也会对上司牢骚满腹，对待自己的孩子也时常会控制不住情绪，这些都是人之常情。就算是长年修行的僧侣，也不能总是保持沉着稳重。不过即使知道很难做到，也不能忘却温和待人。在客观看待自己的同时，注意控制言行——将此牢记于心，有助于建立良好的人际关系。

这"四摄法"又是指什么呢？第一是"布施"，抱有施与他人之心。这里不是指怜悯施舍，而是指要思考我能为眼前的人做些什么。第二是"爱语"，指要以慈爱和悦的态度与人说话。就算是训斥部下的时候，也要心里有爱地训斥。不是感情爆发似的"怒吼"，而是为对方着想的责备，所谓爱之深，责之切。第三是"利行"，助人为乐、与人为善。也被称为"利他"，但这里的意思不是指牺牲自己成就他人，而是说要为他人着想。利行并不需要自我牺牲，是要通过帮助他人来使自己快乐。不能只要对方好，牺牲我自己也无所谓，因为这样的行为没有可持续性。要这样考虑，为了使自己幸福快乐，一定要让周围的人幸福快乐。第四是"同事"，指的是同止同作、同学同修。只要掌握了上述四点，心灵自然就会沉静。双方都抱有沉稳之心的话，就能避免很多无意义的争执了。

第五章

与另一个自己相见

人，
部分可以改变，
部分不能改变

　　想要改变现在之我的人多得令人感到意外。这些人认识到了自己的缺点，并很想改正它。从这一角度看，想改变自己是个很积极的想法。

　　那么通过努力能改变的部分是什么呢？而无论怎样也改变不了的部分又是什么呢？谁都会有与生俱来的特质，身体上的特征就是其中之一。生来瘦小的人，不管怎样努力也无法成为相扑选手；相貌也是，不是谁都能当上世界小姐的。对于无法改变的部分，只能承认、接受。

　　不过，类似性格、行为举止等由成长过程中的经验积累，或者受生长环境、双亲影响而形成的特征，是可以根据自己的情况改变的。人，部分可以改变，部分不能改变。

　　《临济录》中有"无事是贵人"的说法。禅学里的"无事"不是指健康或安稳，而是指别无所求之心。也就是说，重要的在于不怪外部因素、不追究他人责任，而是从自身找原因。这种处事态度，会让人成为值得尊崇之人。总之，想要改变自己的话，就要从自身做起，加油努力。

　　或许目前你可以通过改变所处环境、换个公司得到更高评价，但这种借助外部力量的方式，在表面上做出改变，不能从根本上解决问题。要想从心底改变自己，就请先用自己的眼睛，找出自己能够改变的那部分吧。

试着努力了一下还是不行的话，那就放弃吧

你现在有烦恼吗？——不会有人完全没有烦恼。工作、职场上的人际关系，又或者私人生活等方面，都会有这样或那样的烦恼，只要人活在这个世上，就一定会有烦恼。那么，下面请试着将你目前的烦恼分成两类，一类是通过自己的努力可以解决的烦恼，另一类是无论怎么努力也无法去除的烦恼。

虽然努力了，但工作业绩怎么也无法提高——这种烦恼，一定有其解决之道。为什么业绩会上不去？业绩提高了的人用了什么方法？首先要冷静地思考这些问题。不要感情用事，要试着理智思索。不要哀叹自己运气差，甚至否定自己，而是要从方法论角度分析、捕捉要点。只要这样做，就肯定能找到解决问题的方法。而且，就算不能立

刻找到解决方法，只要能够客观思考，人就能从感性的烦恼中得到解脱。工作能够取得成果不是因为性格好、运气佳，而是由于找到了正确的方法。

下面谈谈第二类烦恼。职场上人际关系方面的烦恼，其中有一部分是仅靠自己努力无法解决的，比如与上司不和，跟部下或同事也无法协力共事。当然，一定要努力改善这种局面，但也没有必要全力以赴。试着努力了一下还是不行的话，那就放弃吧。对于仅凭自己的力量无法去除的烦恼，想得太多就是自讨苦吃，闷闷不乐也无济于事。

正如禅语"下载清风"所言，要将多余的货物丢弃，轻装出海。这里要卸下的，是你心中的重担。将那些不必要的迷茫、烦恼、嫉妒心、执着以及多余的担心全部卸在港口，然后轻装出海吧。心理负担总会接连不断地产生，要是把它们都放在心里的话，那船很快就会沉没。与其这样，不如干脆地拒绝积存货物，只要船体轻便，人生自然会顺着清风，迅捷前行。

顺其自然，
不要自寻烦恼

"Lo que será, será"是西班牙语"顺其自然"的意思。禅语里也有意思相同的词"任运腾腾"，意指不要自寻烦恼，一切顺其自然。虽然宗教信仰、国民性各不相同，但世界各国均有表达相同意思的词。人真的有那么多烦恼吗？

很多人一想到明天、一个月后、一年后、十年后，乃至更遥远的未来的事，就会徒生烦恼。一年后失业了怎么办？五年后得病了怎么办？明明没什么危险，但自己偏要往坏处想，平添烦恼。这不是很可笑吗？现在本来很健康，但要是天天思考五年后生病了怎么办的问题，那有可能不到三年就真会生病了。禅学认为，只要现在是健康的，那就应该心怀感激地好好活着，竭尽全力过好眼前的每一分每一秒。

与其担心将来的事情，不如想想现在自己该做什么，该做的事情有何意义，自己想做的事情有没有不对的地方——这三点，只要能想清楚其中一点就行。明明该做的事情堆积如山，却不抓紧着手，还总是担心未来，这真是浪费生命啊。

有的人总是为小事烦心："啊，我怎么有这么多的烦恼呀，人生真是悲哀啊。"这样的人的爱好肯定就是忧心烦恼。他们觉得，因为烦恼与生俱来，所以自己必须得烦恼，而且还要赶紧明了自己的烦恼是什么类型的。他们一边这么琢磨，一边努力寻找烦恼。如果没有找到烦恼，他们就会感到不安。或许对于他们来说，安心感是由小烦恼带来的。我想对这样的人说一句："就算你不刻意寻找烦恼，烦恼也会不请自来，不用为此担心。"

请将痛苦揭开仔细查找，那里一定藏着喜悦的种子

生命只有一次，人总有一天会死去，这个道理谁都明白，但我们不会总是惦记着这件事。不过，对于死亡的意识，在我们的脑海深处始终存在。而且人只要活着，就无法从"四苦八苦"中逃出生天。想要从中解脱，就必将产生欲望。这就是所谓的"烦恼"。有种玩笑般的有趣说法，要是把"四苦八苦"这个词用数字来解读，就是 $4\times9=36$，$8\times9=72$，$36+72=108$，所以 108 是烦恼的数字。

笑话先放到一边。我们知道，人生中不光有喜和乐。如果生命中只有快乐的话，那人就不会真正快乐了。正因有了工作日的忙碌，才会有休息日的快乐。正因从周一到周五都在辛勤劳动，才会对周六周日分外期待。要是全年都是休息日，那就不会再有期待，因为休息已变成理所应

当的事了。相反，试想一下如果从周一到周五是休息日，周六周日工作的话，那又会怎样呢？恐怕大家都会对周六周日的工作翘首以待吧，盼着快点到周六，才好赶紧工作。人是会有这种想法的。

正因有了悲伤和痛苦，喜悦和快乐才变得意味深长。一面被照亮，另一面就必定陷入黑暗。有背部才有腹部，有表定有里。人生如同绞在一起的麻绳，正因为活在当下，才能体味各种苦乐酸甜。不论痛苦悲伤还是喜悦感动，只要死了就无法再次体会，这是理所当然的吧。没错，是理所当然的。但人们会时常把这理所当然的事情忘记，总是拘泥于眼前或幸或不幸的事，变得不能规划长远人生。如果硬把自己逼入绝境，走投无路，人就再也无法看到痛苦的另一面。请将痛苦揭开仔细查找，那里一定藏着喜悦的种子。

没有必要闯进别人的路，留意只有你才能做到的事情

人们总是喜欢将自己与他人比较。虽然知道比了也没用，但还是会因比较的结果而心情起伏。毫无依据地分出高下之后，有人欢喜有人愁。这也算是人的本性之一吧。

因为我也在大学授课，所以时常跟学生谈求职的话题。他们往往都有想去知名度高的公司就职的意愿。也不考虑自己想做什么事、那份工作是否适合自己，单纯地就是想进大公司。运气好被录用的人开始炫耀，而没通过入职考试的人便会无地自容，这就好像陷入了由比较而产生的执念旋涡中一样。

这种由比较而生发出的自卑感总也挥之不去。有人在进公司很多年后，还有这样的感觉："其实并不想进这家公司，觉得自己不属于这个地方，自己不适合这份工作。"

有没有人一直觉得自己不适合这份工作,却坚持做了十年?如果有的话,我觉得他其实是适合做现在这份工作的。虽然牢骚满腹,却又做了十年,那么这份工作一定适合他。如果真不适合的话,那怎么也坚持不了十年。开始做什么事的时候,靠的是冲劲,想要结束什么事的时候,凭的是自己的决心,但其实最难做到的是一直坚持做一件事。

禅语有言:"人人皆道器。"意思是每个人都有别人不具备的独特能力,都有只有他才能做的事情。请回顾一下一直以来你所走过的路,如果是一条一路踏踏实实走来的笔直大道的话,那就说明这条路跟你十分契合。没有必要闯进别人的路,步履坚定、堂堂正正地沿着那条只有你才能走的路勇往直前,更为重要。

用坐禅的方法
来实现与另一个自己相见

只要人在社会中生存,就必然会担任某些职务,也可说是会站在某一立场上。公司里有课长,课长不单要承担与其职务相应的工作,还被要求行为举止有课长的样子。"因为是课长,所以不能用这种方式处理工作。""因为是课长,所以不能抢部长的风头。"当被课长这个框框住时,人就会变得迷茫,甚至无法认清真正的自己。不仅如此,为了获得好评,还要压抑自我,无限忍耐。

回家之后,还有丈夫、父亲的角色等在那里。因为是丈夫,就必须奋斗;因为是父亲,就一定要给孩子做好榜样。当然这都是让人喜悦的事,但如果将自己的重心全部放在这里,就会渐渐变得迷失自我,结果就是精神状态失衡,人也陷入绝境。临济禅师曾说过,"摆脱了一切束缚的自由的自我"才是人的本来模样。

　　我认为人要花时间思考"自己是什么人""真正的自己在哪里"这些问题。对于人而言，一定存在着"另一个自己"。诚然，现在你是课长，但这不是你的全部。它只是你的一部分，而其余部分就是那另一个自己了。禅修中就有寻找另一个自己的修行。当你认定"自己就是这样的人"时，你的生活方式就会变得逐渐僵化刻板，可谓用把自己框起来的方式，逼自己走进死胡同。而禅学思考方式的根本就在于更加自由地解放自己。

　　与另一个自己相见可以用坐禅的方法来实现。坐禅时，心灵宁静，自我答问。"现在的我，是以真实面目示人的吗？""另一个自己在哪里呢？"就算找不到答案，只要提出问题，就能解放心灵。人的身心不能被自己束缚。

在心力交瘁之前，请给自己创造一处"桃花源"

　　人们有这种倾向，当讨论进入白热化阶段时，越觉得自己意见正确，说话的声音就会变得越大。"已经决定了，做不了！我的做法当然是对的！"对于被指责的一方，这番抢白可谓对他们的穷追猛打，自己的错误被严厉斥责，以致身心俱疲、痛苦不堪。有人说"正义会伤害他人"，因为正义感很强的人不能容忍别人的一点点失败或过失，一定要彻底击倒对手，让他不得翻身。

　　在公司里也有这种类型的人吧，他们工作完成得很出色，判断也一贯正确，于是他们就会用自己的正确作为武器，攻击周围的人。也有人会这么认为："他的确说得很对，是我的错，但也没必要这么夸张吧。"这并不是说不该把正确的说出来，而且在工作中更是必须做出正确的选择判断。但是，人会犯错，也会认定自己是正确的并为之倍加努力。认可他人的努力，在工作中也是必要的。

佛学教导我们，"宽恕"是"对他人的照拂"。不能总是责备他人的错误，而要偶尔原谅对方的不是。我认为在处理商务场合中的人际关系时，这一点很必要。

现代社会已变得没有退路，或者说是不再从容了。在没有手机的年代，从大阪到东京的新干线上，有很多面容沉稳的商务人士。在这仅有的三小时时间里，没有紧迫的工作，也能从来自上司的压力中暂时解脱。去外地出差时，傍晚向公司汇报完工作之后，就能享受美好的自由时间了吧。探访想去看看的旅游景点，心情舒畅地小酌几杯，所谓偷得浮生半日闲，人们需要偶尔逃避现实。被逼入穷途末路绝对不是好事，在心力交瘁之前，请给自己创造一处"桃花源"。

下雨时为雨喜悦，
刮风时为风喜悦

　　于人而言，喜悦为何？"喜悦"一词只有二字，其中却包含了种种含义。首先是物质带来的喜悦，如得到想要的东西后所感受到的喜悦。这种物欲永无止境，仅得到一次并不满足，之后还会想要新品或奢侈品，这是绝对不会满足的喜悦。其次是精神上的喜悦，这是指受人褒奖、表扬或被人所爱时心理上的满足感。没有这种喜悦，人类无法生存，但过分追求它的话，则会让自己和对方痛苦不堪。精神上的喜悦还包括所处境遇带来的喜悦。自己处境良好的话，便会很高兴，而当所处环境无法满足要求时，不满就会涌上心头。"这户人家十分富裕，好羡慕啊。""那个人长得真好看，太羡慕了。"越和他人比较就越容易心生不满。于是对于我们人类来说，正因为想要得到这种喜悦，所以才会变得痛苦。当然，想追求喜悦并没有错，但那真的是发自内心的喜悦吗？还是仅仅流于表面的喜悦？认清这一点十分重要。

《上方艺能》杂志的前任主编——立命馆大学教授木津川计先生曾说过："从母亲腹中娩出之时，孩子就和母亲一起体味了生产的痛苦，并由此开始了自己的人生。"也就是说，人有从心底为别人的幸福感到喜悦之心。要培养下雨时为雨喜悦，刮风时为风喜悦，不论寒暑都要有喜悦的心。要将此意深植于心。

人生中有风有雨，一些看上去是痛苦的事情，实际却与喜悦相连。在这世间生而为人，就已是比中彩票头奖还要大的顶级幸运。心中应对此等幸运常存感激，这样一来，喜悦之心也就油然而生了。

试着将目前心中的不安写出来

　　心中有所不安，是一件非常麻烦的事情。当事情顺利进行时，会担心"这种状态能一直持续下去吗？"而遇到阻碍时，又会忧愁"难道说，就这样彻底失败了？"人的一生，多多少少都会有所不安，那么这种不安究竟是什么呢？

　　达摩大师的弟子慧可在修行时，曾向达摩大师倾诉自己的烦恼："在我心中，总是充满了不安，我就快要被汹涌不断的不安压垮了。请您帮我去除这些不安吧。"

　　慧可拼命向达摩大师求救。听到此处，达摩大师答道："我知道了，那么，让我来帮你驱除不安。不过，首先你要把不安带到我面前。你把那些'笼罩在你心中的不安'摆放到我面前，我就可以一个一个去除它们。来吧，把它们拿出来吧。"

听到大师如此说，慧可终于明白了，自己心中的不安其实并没有实体，过分在意并惧怕这种虚无缥缈的感觉，是多么无聊的事啊。

像这个故事中所讲述的那样，试着把现在你心中的不安写出来如何？你也许会有各种各样的担忧："没有储蓄养老怎么办？""会不会被公司解雇？""生病了怎么办？"但冷静地分析一下就可以发现，多数不安只是你自己凭空想象出来的而已，是对根本没发生的事情表现出的不安，这种不安毫无意义。另外，很多问题只要通过现实中的努力就可以得到解决，不努力的话，问题永远无法解决，人也会持续不安。不管怎样，为了不被没有实体的不安压垮，从今天开始努力吧。

这个世上，
没有恒久不变的东西

"对我而言，工作是什么？""对于人们来说，幸福是什么？""夫妇是什么？""爱情是怎样一种感觉？"

在杂志期刊上常会看到这种类型标题的文章，为什么编辑喜欢做此类选题呢？我想这是因为谁都想要得到这些问题的答案吧。当读到针对"工作是什么"这个问题作者给出的答案时，如果自己与作者感受相同，就会觉得安心，如果不同，就会修正自己的答案或者否定作者的观点。但不管怎样，只在原地踌躇，是无法找到能让自己满意的答案的。

禅学里有禅语答问，譬如"于猫而言，幸福为何""人生道路在何方"等等。反复诘问这些完全不知所谓的问题，显然不会得到明确答案。任何答案都是正确的，同时任何答案也都是错误的，因为在禅学中，答案是变幻不定的。从这里可以看出佛教的"无常观"。所谓无常，就是指变化、不恒定。这个世上，没有恒久不变的东西，换言之，固定不变的答案是起不到任何作用的僵化答案。答案并不一定总在远方，也许它就在你的脚下。另外，如果你很想找到关于人生的答案，那就试着把目前对你来说很是重要的事情按其重要程度写出来看看。将自己最真实的想法写到纸上，如第一家人、第二工作、第三金钱、第四健康。之后请再认真体味这些词，它们正是现在的你的人生。不过它们的顺序时常会有变化，或者说，顺序不变才奇怪。总是执着于处在第一位的事物，心就会被逼入绝境。不时调换第一位和第五位的顺序，与此同时体会人生的流动性，对人而言十分重要。"工作是什么？"对于这个问题，试着将自己所想所感如实写出，没有确定的答案也不要勉强，放在那里就好。半年后再来思考解答一次——那时自己的想法一定会有变化。而这种变化，才正是人生之深意。

迷茫之时，
回家安静坐下就好了

　　东京新桥，傍晚时分站在这里，可以看到很多工薪族在享受着简单的聚会。跟同事一起边吃烤鸡肉串边喝酒干杯，说说上司的坏话，哀叹公司业绩。虽说这些算不上什么轻松话题，但大家都可以开心地喝酒。回家之前喝一杯，消解压力，这是很好的事。还有喝一杯的兴致，说明自己依然精力充沛。

　　但某一天当你真的身心俱疲，陷入无尽的迷茫之时，那天就应该直接回家。禅语有言"归家稳坐"，即回到家中安稳落座。

　　有的人会去到那儿闲聊几句，来到这儿东张西望，四处徘徊找寻有助于参悟的时机、方法，心里想着不能顿悟是不是因为环境不好，既然这里不行，那就另寻他处。而

"归家稳坐"这句禅语所包含的意味正是针对这种举动,"别慌,冷静些。不要转来转去,先回家去,然后安静坐好。要知道只有家,才是真正属于你的地方"。寺院里的坐禅同样很有意义,但大家没有必要一定要去到寺院里。迷茫之时,回家安静坐下就好了。

试着在熟悉亲切的家里,心灵宁静地坐禅。耳畔能听到家人在厨房做饭的声音,还能听到隔壁房间里孩子们的欢闹。这些绝不是噪声,而是令人舒适惬意的家人的声音。我觉得没有比这更好的压力消解术了。在家里肯定存在着在外面绝对找不到的、能够帮助你解决问题的好办法。一个人生活的话也一样,可以找一个自己喜欢的地方落座,静静地面对迷茫,舍弃执着心,试着探寻自己的真心。人需要进行内省的时间。如果你现在正处于迷茫之中,那么今天下班后就直接回家吧。

不完整的美才是美的最高境界

禅修无止境，人生亦如是。死亡并不意味着终结，人生就像一场没有终点的马拉松比赛，不能靠短程快速奔跑抵达终点，而是要在没有终点的跑道上永不停歇。这就是人生。

比如有些商务人士到了退休的年纪，就觉得人生已然终结，再也没有自己能做的事了——这也太浪费了吧。他们一路拼搏至今，身怀绝技，战胜过几番苦难，积累了无数经验，应该将这些以某种形式回馈社会才是。

做志愿者也好，成立非营利团体进行公益活动也好，怎样的形式都好，总之要为社会做贡献，这样才能体现自己的价值。退休不过是一个节点，只是没有终点的人生中的一个节点。于是首先要做的，就是把"终结"这一词语从我们的脑海中消除。

有这样一句禅语："百尺竿头，更进一步。"百尺竿头指的是修行的造诣已经达到了相当的高度，但这并不是终点，之后还要继续修炼提高，争取更大的进步才行。在生命的旅途上不断前行，才是真正的人生之美。

在禅学的世界里，形式完整的东西不受欢迎，因为它们意味着终结。不完整意味着没有终结，因此禅学认为不完整的美才是美的最高境界。人生、人类也一样，正因为不完美，才会鼓起继续向前的勇气，努力下去。